Nicole Bisig
Walter Noser

Mein Kind kommt in die Schule

Was Eltern zum Schulstart wissen müssen

Autorenteam
Nicole Bisig (*1970) ist Juristin, **Walter Noser** (*1963) ist Sozialarbeiter HFS. Beide sind Berater im Fachbereich Sozialfragen und Familienrecht im Beobachter-Beratungszentrum. Sie verfassten zusammen das Beobachter-Standardwerk «Gut begleitet durch die Schulzeit. Wegweiser für Eltern».
Koautorin **Marianne Botta Diener** (*1968) ist dipl. Lebensmittelingenieurin ETH und dipl. Fachlehrerin ETH. Sie ist Autorin der Beobachter-Ratgeber «Kinderernährung gesund und praktisch. So macht Essen mit Kindern Freude» und «Essen. Geniessen. Fit sein. Das erste Wohlfühl-Ernährungsbuch für Frauen in der Schweiz» (www.kinder-essen.ch).
Koautorin **Sarah Renold** (*1969) ist Pädagogin lic. phil. I, Erziehungsberaterin und Coach. Sie verfasste den Beobachter-Ratgeber «Motivierte Kinder – zufriedene Eltern. Tipps und Ideen zum Spielen, Lernen und Helfen» (www.motiviertekinder.ch).

Beobachter-Buchverlag
© 2007 Jean Frey AG Zürich
Alle Rechte vorbehalten
www.beobachter.ch

Herausgeber: Der Schweizerische Beobachter, Zürich
Lektorat: Christine Klingler Lüthi
Cover: Gettyimages
Satz: Focus Grafik

ISBN 978 3 85569 370 2

Dieses Buch wurde auf chlor- und säurefreiem Papier gedruckt.

Inhalt

Vorwort 9

1. Bald ist es soweit! 10

Reif für die Schule? 10
Was heisst «schulbereit»? 13
Körperliche Entwicklung 13
Kognitive Entwicklung 14
Soziale Entwicklung 15
Immer wichtiger: Sozialkompetenzen 16
Wenn Sie unsicher sind 17
Kinder früher oder später einschulen 17
Flexibel mit der Grund- und Basisstufe 19
Positive Erfahrungen 19

Die öffentliche Schule 20
Die Volksschule ist gratis 21
Muss ich mein Kind anmelden? 21
Was sind geleitete Schulen? 22
Aufgaben und Kompetenzen der Schulleitung 22
Wie Eltern und Kinder profitieren 23
Öffentliche Tagesschulen 24

Privatschulen 24
Vor- und Nachteile abwägen 25
Eine geeignete Schule finden 26
Privatschulen finanzieren 27
Zweisprachige Schulen 28

Klasseneinteilung und Stundenplan 29
Wenn Wohnort nicht gleich Schulort ist 30
Grundsätze für die Einteilung 31
Können Eltern bei der Einteilung mitreden? 31
Aus eins mach zwei: Einführungsklassen 32
Der Stundenplan 33

Beliebt: Blockzeiten 33
Frühenglisch: Oje oder oh yeah? 34

Betreuung ausser Haus 35
Erweiterung des Spielraums 35
Wie Kinder profitieren 36
Betreuungsmöglichkeiten zwischen Schule
und Elternhaus 36

2. Jetzt gehts los 38

Der erste Schultag 38
Einen guten Kontakt zur Lehrerin schaffen 38
Die richtige Ausrüstung 39

Freiraum Schulweg 40
Sicher durch den Verkehr 40
Verantwortlich: die Eltern 41
Schulwege müssen zumutbar sein 42
So können Sie sich wehren 43
Im Schulbus zur Schule? 43
Pünktlich im Klassenzimmer 44

3. Im Kontakt mit der Schule 46

Schlüsselfaktor Lehrer 46
Hohe Anforderungen 48
Können Lehrerinnen unterrichten, wie und
was sie wollen? 49
Mitwirkung der Eltern an Schulen 49
Schülerinnen und Schüler reden mit 50

Eltern und Lehrpersonen im Austausch 50
Elterngespräche oder Lehrergespräche? 51
Warum ist der Austausch wichtig? 52
Wo sollen die Gespräche stattfinden? 53
So gelingen Eltern-Lehrer-Gespräche 54
Tipps für eine gute Kommunikation 54

Infoanlass Elternabend 56
Schulbesuche, Besuchstage 57

Was Lehrer dürfen und was nicht 57
Strafaufgaben 58
Draussen vor der Tür 59
Nachsitzen, am freien Nachmittag in die Schule 59
Gegenstände konfiszieren 60
Tabu: Körperstrafen 61
Kollektivmassnahmen 61
Freizone Pausenplatz 62

Hausaufgaben, Noten, Zeugnisse 62
Das Einmaleins für Eltern 62
Müssen, sollen, dürfen Eltern helfen? 63
Stolpersteine und Fallen 64
Wie und wo Hausaufgaben machen? 66
Gute Rahmenbedingungen 67
Aufgabenhilfe 68
Wie viele Hausaufgaben dürfen sein? 68
Mein Kind vergisst ständig die «Ufzgi» 69
Die Lehrerin toleriert unsorgfältig
gemachte Aufgaben 70
Mein Kind hat nie Hausaufgaben 70
Wie wird Leistung gemessen in der ersten Klasse? ... 71
Nicht einverstanden mit den Noten 72

Eltern wehren sich: Beschwerden und Anträge 73
Aufsichtsbeschwerden 73
Anträge 73
Beschwerden, Rekurse, Einsprachen 74
Wiedererwägungsgesuche 75

Schulreisen, Ferien, Absenzen 75
Mein Kind ist krank 75
Endlich Ferien! 76
Früher verreisen? 76
Feriengesuche immer schriftlich 77
Andere voraussehbare Abwesenheiten 78

Flexibel mit Jokertagen 79
Religiöse Ruhe- und Feiertage 80
Müssen Kinder auf die Schulreise? 80
Verantwortung und Haftung 80
Die Schule fällt aus 81

4. Was sonst noch wichtig ist: Ernährung, Bewegung, Spiel 82

Mach mal Pause 82
Von der Notwendigkeit des Spielens 82
Bewegung macht geistig fit 84
Gymnastik fürs Gehirn 86
Diese Bewegungsübungen helfen 86
Klug mit Musik 87
Pause vor dem TV? 88

Denkbenzin Nahrung 89
Ein guter Start in den Tag 89
Die richtige Zwischenmahlzeit 91
So klappts mit dem Znüni 91
Was tun, wenn 93

5. Schwierigkeiten meistern 95

Lernschwierigkeiten und besondere Talente 95
Mein Kind ist überfordert 95
Das können Sie tun 96
Mein Kind ist unkonzentriert 97
Mein Kind ist Linkshänder 99
Mein Kind ist unterfordert 100
Wie zeigt sich Hochbegabung? 101
Schulische Förderung begabter Kinder 101
Tipps für Eltern 102

Soziale Fragen 104
Mein Kind findet keinen Anschluss 104
Mein Kind wird gemobbt 105

Was können Eltern tun? 106
Mein Kind plagt andere 107
In der Klasse meines Kindes hat es
viele Ausländer 108
Benachteiligte Ausländerkinder 110
Das können Sie tun 110

Anhang 112

Musterbriefe 112

Adressen und Links 115

Literatur 118

Vorwort

«Kann man denn heutzutage die Kinder nicht mehr einfach in die Schule schicken?», fragte Kollege M. «Braucht man da zuerst ein Buch zu lesen?» Er war ziemlich skeptisch, als er hörte, dass wir dieses Buch schreiben, das Sie hier in den Händen halten. Seine Eltern hätten es nicht gelesen, sagte M.
Gut möglich! Früher gab es keine Literatur zu diesem Thema. «Selbst wenn – meine Eltern hatten keine Beratung nötig», war sich Kollege M. sicher. Auch möglich! Es genügte schliesslich, wenn man die Kinder am ersten Schultag fotografierte, ihnen hie und da mal bei den Aufgaben half und am Ende des Schuljahres das Zeugnis unterschrieb. Man brauchte nichts über geleitete Schulen, Blockzeiten, Sozialkompetenz, Frühenglisch, Jokertage, Schulsozialarbeit, Pisa-Studien, Einführungsklassen oder sonderpädagogische Massnahmen zu wissen – das alles gabs noch nicht. Probleme wie Mobbing, Gewalt, Ausländerklassen oder Hochbegabung wurden noch nicht thematisiert. Und niemand ertappte sich bei der Frage, ob er seinem Kind vielleicht nicht doch den Kraftriegel aus der Werbung kaufen sollte, weil dieser angeblich die Leistung fördert. Ein Apfel tats auch.
Der gesellschaftliche Wandel hat die Schulen hierzulande umgekrempelt und Eltern wie Lehrer verunsichert. Dieses Buch zeigt auf, worauf es heute in der Schule ankommt – nebst einem gesunden Znüni, dem Foto am ersten Schultag und dem Zeugnis am Ende des Schuljahres.

Zürich, im Mai 2007
Nicole Bisig, Walter Noser

1. Bald ist es soweit!

Das richtige Alter

Mit dem Schulbeginn fängt für Sie und Ihr Kind ein neuer Lebensabschnitt an. Fast alle Länder setzen den Schulbeginn zwischen dem fünften und siebten Lebensjahr fest, weil Kinder in diesem Lebensalter nach Leistung streben und ein gewisses Mass an Eigenverantwortung übernehmen wollen und können.

Reif für die Schule?

Kein Kind wie das andere

Sie sind sich nicht sicher, ob Ihr Kind schulbereit ist? Oder Sie meinen im Gegenteil, dass der Schuleintritt überfällig ist? Beides ist möglich und beides ist in Ordnung, denn der Entwicklungsstand von Kindern beim Schuleintritt geht weit auseinander. In einer Gruppe von durchschnittlich Siebenjährigen kann er bis zu drei Jahre betragen. Das betrifft nicht nur die körperliche Entwicklung, sondern auch die geistigen Fähigkeiten. So kann der eine Siebenjährige vielleicht rechnen wie ein Achteinhalbjähriger, ein anderer erst wie ein Fünfeinhalbjähriger. Auch die verschiedenen Fähigkeiten eines einzelnen Kindes sind meist auf unterschiedlichem Stand. So liest oder rechnet ein Kind vielleicht sehr gut, ist aber im motorischen Bereich (beispielsweise im Turnen) schwach entwickelt.

Vergleichen Sie Ihren Sohn oder Ihre Tochter nicht mit anderen Kindern im gleichen Alter. Normvorstellungen sind kontraproduktiv. Sie werden Ihrem Sprössling am besten gerecht, wenn Sie sich der Vielfalt bei Kindern bewusst sind und ihn mit seinen individuellen Bedürfnissen und Eigenschaften akzeptieren und fördern.

Diese beachtlichen Entwicklungsunterschiede halten durch die Schulzeit an. Die Stunde Null, in der ein Kind schulbereit ist, gibt es also nicht. Wohl aber lässt sich ein Gesamteindruck gewinnen. Eltern können den untenstehenden Fragebogen ausfüllen.

Beobachtungshilfe für Eltern zur Beurteilung der Schulfähigkeit und Schulbereitschaft

Je mehr Fragen Sie mit Ja beantworten, desto eher ist Ihr Kind bereit für den Schritt in die Schule.

	Ja	Manchmal	Nein
Soziales Verhalten			
Ist das Kind kontaktfreudig?	❏	❏	❏
Kann es sich einer Gruppe zugehörig fühlen?	❏	❏	❏
Hilft es anderen Kindern?	❏	❏	❏
Kann das Kind seine berechtigten Wünsche angemessen durchsetzen (d.h. ohne aggressiv oder handgreiflich zu werden)?	❏	❏	❏
Kann es sich wehren?	❏	❏	❏
Kann es sich in einer Gruppe anpassen?	❏	❏	❏
Kann Ihr Kind warten?	❏	❏	❏
Selbständigkeit / persönliche Reife			
Zeigt Ihr Kind altersgemässe Unabhängigkeit?	❏	❏	❏
Kann es sich alleine an- und ausziehen?	❏	❏	❏
Kann Ihr Kind seine Sachen in Ordnung halten?	❏	❏	❏
Geht es ohne Probleme auf den Kindergartenweg?	❏	❏	❏
Tut Ihr Kind das, was es sich vornimmt (zielorientiertes Arbeiten)?	❏	❏	❏
Beschäftigt es sich mit verschiedenerlei Dingen?	❏	❏	❏
Hat das Kind eine einigermassen realistische Weltanschauung?	❏	❏	❏

Weiter auf Seite 12

	Ja	Manchmal	Nein
Arbeitsverhalten			
Kann es sich längere Zeit auf eine Arbeit konzentrieren?	☐	☐	☐
Kann es aufmerksam zuhören?	☐	☐	☐
Kann es sich alleine beschäftigen?	☐	☐	☐
Hat es genügend Ausdauer?	☐	☐	☐
Sprache			
Kann es Gehörtes mit eigenen Worten wiedergeben (z. B. Inhalt einer Geschichte)?	☐	☐	☐
Spricht es gut und verständlich?	☐	☐	☐
Versteht es Anweisungen, Ge- und Verbote?	☐	☐	☐
Bewegung, Körper			
Kann Ihr Kind hüpfen, springen, turnen?	☐	☐	☐
Ist seine Gesundheit einigermassen stabil?	☐	☐	☐
Ist es altersgemäss entwickelt?	☐	☐	☐
Kann Ihr Kind schneiden, leimen, basteln?	☐	☐	☐
Beobachten, Lernen, Denken			
Kennt Ihr Kind alle Farben?	☐	☐	☐
Kennt es einfache Formen?	☐	☐	☐
Kann es zählen?	☐	☐	☐
Versteht es die Begriffe «mehr, weniger, gleich viel»?	☐	☐	☐
Stellt es Fragen, um seine Umwelt zu verstehen?	☐	☐	☐
Kann es seinen Namen schreiben?	☐	☐	☐
Erkennt es einfache Zusammenhänge?	☐	☐	☐
Kennt es elementare Raum- und Zeitbegriffe?	☐	☐	☐
Kann es diese richtig anwenden?	☐	☐	☐
Einstellung zur Schule			
Möchte Ihr Kind unbedingt in die Schule?	☐	☐	☐
Interessiert es sich für Buchstaben, Zahlen?	☐	☐	☐
Akzeptiert Ihr Kind Misserfolg und Kritik?	☐	☐	☐

Was heisst «schulbereit»?

Ausschlaggebend für die Beurteilung der Schulreife sind die Bereiche körperliche, kognitive und soziale Entwicklung. «Kognition» bedeutet Wahrnehmen, Erkennen. Der Eintritt in die Schule ist ein grosser Schritt. Wenn der Entwicklungsstand des Kindes und die täglichen Herausforderungen gut aufeinander passen, wird es sich wohl fühlen.

Vom richtigen Zeitpunkt

Sowohl auf der körperlichen wie auch auf der kognitiven und sozialen Ebene sind die Jahre im Vorschulalter bewegt. Der Körper des Kindes wächst so schnell wie nie mehr danach, und seine geistigen und sozialen Fähigkeiten nehmen zu – es entwickelt sich vom Baby zum Kind.

Pioniere der Entwicklungspsychologie

Wegbereiter der Forschung über die kognitive Entwicklung war der Schweizer Psychologe Jean Piaget (1896–1980), dessen Theorien später ergänzt wurden. Eine seiner wichtigsten Erkenntnisse: Es ist unmöglich, einem Kind etwas beibringen zu wollen, wenn es die notwendige Reife dazu noch nicht erreicht hat.

Pionier der psychosozialen Entwicklung war der dänische Psychoanalytiker Erik Erikson (1902–1994). Er beschreibt die Entwicklung des Menschen anhand eines Zyklus aus verschiedenen Stufen. In jeder Lebensphase ist ein bestimmter Konflikt zu bearbeiten; gelingt dies, ist man gewappnet für die nächste Etappe.

Körperliche Entwicklung

Das Tempo des kindlichen Wachstums lässt im Alter von fünf bis sieben Jahren deutlich nach – wenn das Kind so schnell wachsen würde wie in den ersten sechs Monaten nach der Geburt, wäre es zu Beginn der Schulzeit etwa 30 Meter hoch und würde rund 200 Tonnen wiegen!

Rasantes Wachstum

Auch die Körperform des Kindes ändert sich merklich. Arme und Beine sind im Alter zwischen fünf und sieben Jahren deutlich gewachsen, der Rumpf streckt sich, der

Bauch wird flacher und der Kopf ist im Verhältnis zum Körper nicht mehr so gross. Die Taille bildet sich, und der Gang wird aufrechter.

Der Körper verändert sich

Im Alter zwischen fünf und sieben Jahren fallen die Milchzähne aus und werden durch die zweiten Zähne ersetzt – ein Vorgang, der gelegentlich mit einem entwicklungspsychologischen Schritt in Verbindung gebracht wird. Das Kind kann in diesem Alter den linken Arm über den Kopf legen und mit den Fingerspitzen das rechte Ohr berühren – was früher als Zeichen der Schulreife galt. Inzwischen weiss man, dass die körperliche Entwicklung nur wenig über die emotionale und geistige Entwicklung aussagt.

Kognitive Entwicklung

Das Denken von Kindern im Vorschulalter ist meist noch ganz konkret und anschaulich. So versteht ein Kindergartenkind in der Regel nicht, dass ein Zweifränkler gleich viel wert sein soll wie zehn 20-Rappen-Münzen.

Geburt der Logik

Kinder im Primarschulalter können in konkreten Situationen logische Denkoperationen vornehmen und sind fähig, den Gesichtspunkt anderer einzunehmen. Dinge und Gegenstände werden nicht mehr nach nur einer einzigen Eigenschaft eingeordnet; die Kinder wissen jetzt, dass beispielsweise ein Tisch ganz unterschiedliche Formen haben kann und trotzdem ein Tisch bleibt. Sie verlassen sich nicht mehr nur auf das, was sie sehen oder fühlen, sondern auch auf das, was sie denken.

Machen Sie Piagets berühmten Test mit den zwei Wassergläsern: Füllen Sie ein hohes, schmales Glas vor den Augen Ihres Kindes mit Wasser. Giessen Sie dann das Wasser aus dem hohen Glas in ein breites, niedriges Glas. Fragen Sie Ihr Kind, in welchem Glas mehr Wasser sei. Diese Frage bejahen erst schulbereite Kinder richtig, weil sie erkennen können, dass die Gläser nur unterschiedlich geformt sind. Sie können sogar erklären, warum in beiden Gläsern gleich viel Flüssigkeit ist: «Wenn man das Wasser wieder ins erste Glas zurückgiesst, hat es genau gleich viel drin wie vorher!» Zu solchen gedanklichen Leistungen ist ein jüngeres Kind in der Regel nicht in der Lage.

Soziale Entwicklung

Im Kindergartenalter ergreift das Kind vermehrt von sich aus die Initiative und möchte etwas erleben. Es will intellektuelle und körperliche Fähigkeiten erproben, sei dies beim Basteln, Zeichnen oder in spielerisch-sportlichen Betätigungen. Es strebt nach Unabhängigkeit und Leistung.

Freude am Erreichten

 Auch wenn es Ihnen nicht immer leichtfällt: Unterstützen Sie Ihr Kind in seinem Streben nach Freiheit und bestärken Sie es in seiner Unternehmungslust. So tragen Sie dazu bei, dass dieser Lebensabschnitt gelingt. Misslingt diese Phase, können mangelndes Selbstvertrauen, Schuld- und Versagergefühle beim Kind die Folge sein.

Zwischen sieben und zwölf Jahren bewegt sich das Kind hauptsächlich im Umfeld von Wohngegend und Schule. Kontakte mit Gleichaltrigen sind wichtig für seine soziale Entwicklung. Im Spiel mit Kameraden lernt es, mit Frustration und Freuden umzugehen, es schliesst erste Freundschaften. Je mehr Möglichkeiten es dazu hat, desto mehr soziale Kompetenz kann es erwerben (siehe Seite 16). Kinder wollen nun gezielter ausprobieren, was sie bereits können. Es ist ein Zeichen für Schulbereitschaft, wenn ein Kind seine Kompetenzen testen will!

Die ersten Freunde

In Schule und Sport erlangt es weitere intellektuelle, soziale und körperliche Fähigkeiten. Mit Hobbys lernt es, beharrlich seine Interessen zu verfolgen.
Während dieser kritischen Lebensphase kann das Kind Vertrauen in seine sozialen und intellektuellen Fähigkei-

Selber handeln zählt

ten erwerben und aufbauen. Sind seine Bemühungen fruchtbar, so erlebt es ein Gefühl von Kompetenz. Dagegen stellen sich Minderwertigkeitsgefühle ein, wenn ein Kind dauernd überfordert ist, immer und überall kontrolliert wird oder wenn es, anstatt selbst zu handeln, nur zuschauen kann.

In diesem Alter ist es besonders wichtig, dass Kinder selber Akteure sein können. Erlauben Sie deshalb keinen uneingeschränkten Fernsehkonsum – 60 Minuten pro Tag sind für Unterstufenschüler oberstes Limit. Verbringen die Kinder Zeit vor dem Computer, sollte sich die Dauer des Fernsehens entsprechend reduzieren.

Immer wichtiger: Sozialkompetenzen

Sie ist in aller Munde und wird im Berufsleben wie im Schulalltag zunehmend verlangt: Sozialkompetenz. Darunter versteht man eine Reihe von Charaktereigenschaften und Talenten, die notwendig sind für den funktionierenden sozialen Kontakt mit anderen Menschen. Es handelt sich nicht um Fähigkeiten, die man entweder hat oder nicht hat: Sozialkompetenz kann man lernen.

Die Basis schaffen im Kindesalter

Sozialkompetenz hat jemand, der ungezwungen und unverkrampft Kontakte mit anderen arrangiert und auf Kontaktangebote eingeht, nötigenfalls Kontakte auch abbricht oder bei störendem Verhalten Änderungen verlangt. Dazu muss man Gefühle offen zeigen und äussern können und sich selber gegenüber Schwächen und Fehler eingestehen. Dies wiederum ist oftmals die Voraussetzung dafür, dass man sich bei anderen entschuldigen und Kritik annehmen kann. Sozialkompetenz hat auch, wer auf andere eingehen kann, sie ausreden lässt und zuhört, Komplimente sowohl macht als auch annimmt, Lob und Zustimmung erteilt, aber auch widersprechen kann.

Fördern Sie die Selbständigkeit und das Verantwortungsgefühl Ihres Kindes, indem Sie ihm altersgerechte Aufgaben zutrauen. Lassen Sie es die Hausaufgaben ohne Hilfe machen oder im Haushalt mithelfen (handwerkeln, kochen, Ämtli erledigen).

Wenn Sie unsicher sind

Eins vorneweg: Ihr Kind braucht beim Schuleintritt weder lesen noch schreiben noch rechnen zu können! Um diese Fertigkeiten zu lernen, soll es ja gerade zur Schule gehen. Bedrängen Sie es also nicht, wenn es nicht selbst Interesse daran zeigt – auch wenn seine Gspänli schon bis 100 zählen und Geschichten lesen.

Vorsicht vor Überforderung

Die Kindergärtnerin kann aufgrund ihrer pädagogischen Ausbildung sehr gut einschätzen, ob Ihr Kind schulbereit ist oder nicht. Wenn Zweifel bestehen, wird eine Abklärung durch Fachleute vorgenommen. Je nach Kanton ist dies der Schulärztliche oder der Schulpsychologische Dienst; die Behörde kann auch eine private Stelle beauftragen.

Wenn Sie Ihr Kind aufgrund der Abklärung frühzeitig einschulen oder zurückstellen wollen, braucht es ein Gesuch (siehe Seite 73).

Kinder früher oder später einschulen

Nicht alle Kinder entwickeln sich gleich und gleich schnell – das ist heute allgemein anerkannt. Doch weil im schweizerischen Bildungssystem für den Schuleintritt ein Mindestalter festgelegt ist, kann diesem Sachverhalt oft nicht genügend Rechnung getragen werden.

Um ein Minimum an Flexibilität zu gewährleisten, sehen die Schulgesetze der meisten Kantone für schulfähige Kinder die Möglichkeit des vorzeitigen Schuleintrittes vor. Wenn Sie Ihr Kind früher einschulen wollen, muss dies von der Schulbehörde geprüft werden. Dazu holt die zuständige Instanz Empfehlungen der Kindergärtnerin ein und/oder verlangt eine Abklärung beim

Begrenzte Flexibilität

Schulpsychologischen Dienst oder beim Schularzt. Der Wunsch der Eltern allein reicht nicht aus.

Neben den frühzeitig schulbereiten Kindern gibt es solche, die etwas mehr Zeit brauchen. Auf Antrag der Eltern, der Kindergärtnerin oder des Schulpsychologischen Dienstes kann ein Kind deshalb ein Jahr später eingeschult werden, wenn aufgrund seiner Entwicklung der Schuleintritt weder in eine Regel- noch in eine Sonderklasse möglich ist. In manchen Kantonen entscheidet darüber die Schulkommission, in anderen wird alleine auf den Wunsch der Eltern abgestellt.

Mancherorts werden am Ende der Kindergartenzeit durch Kindergärtnerinnen, Schulberater oder Schulpsychologinnen Tests zur Beurteilung der Schulbereitschaft durchgeführt. In vereinzelten Kantonen geschieht dies systematisch, in anderen bloss im Einzelfall. Zur Beurteilung der Schulbereitschaft eines Kindes wird jedoch nie alleine auf solche Tests abgestützt. Vielmehr wird auf eine ganzheitliche Beurteilung Wert gelegt. Die Beobachtungen der Kindergärtnerin und der Eltern bilden die Grundlage für die Feststellung der Schulfähigkeit, die Resultate allfälliger Tests werden bloss ergänzend hinzugezogen und bilden ein Kriterium unter mehreren.

Nicht nur auf Tests abstellen

Der Fragebogen «Beobachtungshilfe für Eltern» gibt Ihnen Anhaltspunkte dafür, ob Ihr Kind schulbereit ist (siehe Seite 11).

> Die Schulbehörden können nicht alleine über die vorzeitige Einschulung eines Kindes entscheiden. Die Eltern müssen dazu ihr Einverständnis geben. Gegen den Willen der Eltern ist eine vorzeitige Einschulung nicht möglich.

Um dem unterschiedlichen Entwicklungsstand der Kinder noch besser gerecht zu werden, sucht man auch gesamtschweizerisch nach Lösungen. Mit dem Projekt HarmoS der Schweizerischen Konferenz der kantonalen

Erziehungsdirektoren soll das Schulkonkordat von 1970 erneuert werden. Darin werden unter anderem auch das Einschulungsalter und die frühere und flexiblere Einschulung neu geregelt.

Flexibel mit der Grund- und Basisstufe

In vielen Kantonen werden zurzeit Versuche mit der Grund- oder der Basisstufe durchgeführt. Damit liegen zwei Modelle für einen flexibleren Schulstart vor, die den grossen Entwicklungsunterschieden der Kinder beim Schuleintritt Rechnung tragen und nicht nur aufs Alter abstellen. Beide Modelle verbinden den Kindergarten und die ersten Primarschuljahre zu einer gemeinsamen Stufe, wo Spielen und Lernen fliessend ineinander übergehen.

Vielversprechende Modelle

Kinder im Alter von vier bis acht Jahren sollen in diesem eigens gestalteten Umfeld jene Aufgaben und Anforderungen erhalten, die ihrem Entwicklungsstand und ihren Interessen entsprechen. Sie werden also auf individuellem Weg vom lernenden Spielen zum spielenden Lernen geführt.

Die Grundstufe verbindet den Kindergarten und die erste Primarklasse zu einer gemeinsamen Stufe, die Basisstufe geht noch etwas weiter und verbindet den Kindergarten mit den ersten zwei Primarklassen. Beide Stufenmodelle sind naturgemäss altersdurchmischt, und spielerische und schulische Elemente werden darin miteinander verbunden. Je nach Reife eines Kindes kann die Einschulungszeit bei der Grundstufe in zwei bis vier Jahren und bei der Basisstufe in drei bis fünf Jahren durchlaufen werden. Auch das Alter für den Eintritt in die Grund- und Basisstufe variiert, je nach Entwicklung des Kindes.

Vom Spielen zum Lernen

Positive Erfahrungen

Evaluationen der Schulversuche zur Grund- und Basisstufe haben ergeben, dass sich sowohl die Eltern als auch

Kinder sind motiviert

die Lehrerinnen und Lehrer positiv zum neuen Schulmodell äussern. 71 Prozent der befragten Eltern halten das Modell der Grund- und Basisstufe für ein besseres Modell als das traditionelle mit Kindergarten und Unterstufe. Die meisten Kinder fühlen sich nach Einschätzung der Eltern darin wohl und sind motiviert.

Zu den einzelnen Aspekten des pädagogischen Konzepts der Grund- und Basisstufe äusserten sich die Lehrpersonen insgesamt positiv (68 Prozent sehr positiv, 27 Prozent ziemlich positiv).

Nicht zu verwechseln mit der Grund- oder Basisstufe sind die sogenannten Einführungsklassen (mehr dazu Seite 32).

Die öffentliche Schule

In der Schweizerischen Bundesverfassung ist der Rechtsanspruch auf Grundschulausbildung klar festgeschrieben. Konkret sind darin folgende Garantien enthalten:
- Der Anspruch auf Grundschulunterricht ist gewährleistet.
- Der Grundschulunterricht steht allen Kindern offen.
- Er ist obligatorisch.
- Er muss ausreichend sein.
- An öffentlichen Schulen ist er unentgeltlich.
- Er untersteht staatlicher Leitung oder Aufsicht.
- Die Kantone haben für den Grundschulunterricht besorgt zu sein.

Rechte und Pflichten
- Schaffen es die Kantone nicht, auf dem Koordinationsweg eine Harmonisierung im Bereich des Schuleintrittsalters, der Schulpflicht, der Dauer und Ziele der einzelnen Bildungsstufen und deren Übergängen sowie der Anerkennung von Abschlüssen zustande zu bringen, so erlässt der Bund die notwendigen Vorschriften.
- Der Bund regelt den Beginn des Schuljahres.

Es gibt nicht nur ein Recht, sondern auch eine Pflicht zur angemessenen Grundausbildung. Dies bedeutet, dass Eltern verpflichtet sind, ihre Kinder zur Schule zu schicken und mit der Schule zusammenzuarbeiten.

Die Volksschule ist gratis

Laut der Bundesverfassung ist der obligatorische Grundschulunterricht an öffentlichen Schulen unentgeltlich. Dies bezieht sich auch auf die sonderpädagogischen Angebote.

«Unentgeltlich» bedeutet allerdings bloss, dass kein Schulgeld verlangt werden darf. Lehrmittel und Schulmaterial brauchen dagegen nicht gratis zur Verfügung gestellt zu werden. Ebenso wenig hat die Schule für die Auslagen für Exkursionen, Schullager etc., Prämien für die Unfallversicherung, Konsultationen des Schulpsychologischen Dienstes und ähnliches aufzukommen. Die meisten Kantone haben jedoch die Unentgeltlichkeit auf Lehrmittel, manche auch auf das Schulmaterial ausgedehnt. Der verfassungsmässige Anspruch auf unentgeltlichen Grundschulunterricht umfasst auch den allenfalls erforderlichen Transport zur Schule (siehe Kapitel «Im Schulbus zur Schule?», Seite 43).

Nicht alles ist kostenlos

Obwohl der Kindergarten nicht zum von der Schweizerischen Bundesverfassung garantierten Grundschulunterricht gehört, ist auch er kostenlos.

Muss ich mein Kind anmelden?

Wenn Ihre Familie in einer Gemeinde angemeldet ist, brauchen Sie Ihre Kinder nicht speziell für die Schule anzumelden. Die Anmeldung läuft automatisch, und die Eltern werden, meist mittels Brief, darüber informiert.

 Vorsicht aber, wenn Sie im Lauf der Schulzeit umziehen: Dann müssen Sie Ihre Kinder von sich aus in der Schule der neuen Gemeinde anmelden.

Was sind geleitete Schulen?

Bisher war es die Regel, dass die Schulkommission (auch genannt Schulpflege, Schulrat, Schulvorsteherschaft) die Schule leitete und die anstehenden Beschlüsse fällte. Die Aufgabe des Schulvorstehers bestand lediglich darin, diese Beschlüsse zu vollziehen; weitere Kompetenzen hatte er kaum. Die Lehrpersonen waren an der Gestaltung der Schule kaum beteiligt; sie erteilten fast ausschliesslich ihre Lektionen.

Mehr Autonomie

In den letzten Jahren hat sich bezüglich der Leitung und Organisation einiges bewegt; der Trend geht in Richtung Ausweitung des Gestaltungsspielraums der Schulen. Damit verbunden entwickelte sich die Form der geleiteten Schule, die auf der Primarstufe heute in den meisten Kantonen institutionalisiert sind. Sie zeichnet sich dadurch aus, dass die Aufgaben aufgeteilt und mehr Kompetenzen auf die Schulleitung übertragen werden. Zudem sind die Lehrer stärker in das Leben der Schule einbezogen. Die Schulkommission, mancherorts der Gemeinderat, fällt nur noch die grundlegenden Entscheide über die Ziele der Schule, das Budget, die Personalpolitik und die örtliche Lage der Schule in der Gemeinde. Die Schule setzt diese Beschlüsse um, wobei sie die dazu erforderlichen Anordnungen in eigener Kompetenz erlassen kann.

Geleitete Schulen sind unterschiedlich gross. Eine geleitete Einheit kann sich auf ein Schulhaus, auf mehrere Schulhäuser oder sogar auf die Schulhäuser mehrerer kleiner Ortschaften ausdehnen.

Aufgaben und Kompetenzen der Schulleitung

Die Kompetenzen der Schulleitungen umfassen unter anderem die Beratung von Lehrerinnen und Lehrern, deren Förderung und Weiterbildung, die personelle Führung bis hin zur Mitwirkung bei der Personalauswahl und zur Beurteilung der Lehrpersonen. Manchmal können Schulleitungen sogar selber über Anstellungen entscheiden.

Die Schulleitung nimmt gegenüber den Lehrerinnen und Lehrern eine Vorgesetztenfunktion ein. Zudem trägt sie die Verantwortung für das Leitbild der Schule, für die Jahresplanung, pädagogische Projekte, die Zusammenarbeit mit den Eltern und für die gesamte Entwicklung der Schule.

Vielfältige Aufgaben

Die Vertretung der Schule nach innen und nach aussen gehört ebenfalls zu ihren Aufgaben. Der Schulleitung steht auch die Vorbereitung des Stundenplanes sowie von Prüfungen zu. Entscheide, die die Laufbahn von Schülern betreffen, zum Beispiel der Übertritt in eine Sonderklasse, können der Schulleitung zugewiesen werden. Unter anderem im Bereich der Anordnung von Sanktionen haben die Lehrerinnen und Lehrer ein Mitentscheidungsrecht.

Die Schulleitung kann aus einer einzigen oder mehreren Personen bestehen.

Wie Eltern und Kinder profitieren

Vor allem im Bereich der Kommunikation zeigt die geleitete Schule Vorteile: Eltern wie auch Kinder haben mit der Schulleiterin eine Ansprechperson vor Ort, die die Verhältnisse in der betroffenen Schule gut kennt. Wenn Eltern mit der Lehrperson ihres Kindes Differenzen haben oder wenn ein schwieriges Elterngespräch ansteht, kann die Schulleiterin als neutrale Person beim Gespräch beigezogen werden.

Effizienter Austausch

Auch in organisatorischer Hinsicht gibt es Pluspunkte:

- Die Administration ist effizienter; auf einzelne Situationen kann schneller reagiert werden. Querversetzungen oder Repetitionen beispielsweise können sofort angepackt werden, wenn alle Beteiligten einverstanden sind.
- In geleiteten Schulen gibt es mehr klassenübergreifende Projekte.

- Geleitete Schulen können auf die spezifischen Bedürfnisse in einem Quartier oder einer Schule eingehen.

Öffentliche Tagesschulen

Einzelne Gemeinden bieten als Schulform freiwillig eine öffentliche Tagesschule an. Sie sind jedoch vom Bund oder den Kantonen aus nicht dazu verpflichtet.

Eine Tagesschule hat für berufstätige Eltern viele Vorteile, weil sie eine Kombination von Schule und familienergänzender Betreuung ist. Die Schulkinder besuchen nicht bloss den Schulunterricht, sondern werden auch ausserhalb der Unterrichtszeit betreut. Sie essen in der Schule zu Mittag und können ihre Hausaufgaben unter der professionellen Begleitung einer Betreuungsperson erledigen. Der Unterricht richtet sich wie in der «gewöhnlichen» Schule nach dem im Kanton gültigen Lehrplan. Der Besuch der Tagesschule steht allen Kindern und Eltern offen. Melden Sie sich früh an, die Wartelisten sind lang. Eine Alternative sind private Tagesschulen.

Modell der Zukunft

Tagesschulen bieten Kindern wie auch andere familienergänzende Betreuungsformen viele Vorteile. Kinder, die allein oder nur mit einem Geschwister aufwachsen, können hier mit vielen Gspänli zusammensein, was ihre Sozialkompetenz fördert. Tagesschulen können deshalb einen wesentlichen Beitrag zur Gewalt- und Suchtprävention leisten.

Gemeinsamkeit macht stark

Mehr Informationen und Adressen von Tagesschulen sind beim Verein Tagesschulen Schweiz erhältlich (Link im Anhang).

Privatschulen

In der Bildungslandschaft der Schweiz gibt es nicht bloss die öffentlichen Schulen, sondern auch ein breites Angebot an Privatschulen, welche die verschiedenen Vorstellungen der Eltern und Bedürfnisse der Kinder abzudecken versuchen. Von den Schülerinnen und Schülern, die eine Schulstufe der obligatorischen Schulzeit besuchen, gingen im letzten Schuljahr fast fünf Prozent in eine Privatschule. Ohne die Klassen der Sonderpädagogik waren es bloss rund 3,75 Prozent.

Im schweizerischen Bildungssystem gehen die finanziellen Ressourcen des Staates ausschliesslich an die öffentlichen Schulen, deshalb gibt es keine freie Schulwahl. Allen Unkenrufen zum Trotz ist unsere Volksschule gut – wer seinem Kind eine solide Schulbildung ermöglichen will, braucht es nicht wie in den USA auf eine Privatschule zu schicken. In internationalen Vergleichen über die Leistungen von Kindern und Jugendlichen mischt die Schweiz zwar nicht auf den besten Rängen mit, aber doch auf den guten.

Privatschule kostet

Die Qualität der öffentlichen Schule misst sich nicht nur an schulischen Leistungen. In die Beurteilung fliessen auch Faktoren wie Schulhauskultur, Ausbildung der Lehrerschaft, Sozialverhalten der Kinder und Zufriedenheit von Eltern, Lehrern und Schülerinnen ein. Und bei der Integration von Migrationskindern erfüllt die öffentliche Schule hierzulande eine zentrale Rolle, die nicht unterschätzt werden darf.

Vor- und Nachteile abwägen

Wenn Sie sich überlegen, Ihr Kind an einer Privatschule unterrichten zu lassen, werden Sie sich als erstes über Ihre Beweggründe klar. Wägen Sie Pros und Kontras sorgfältig ab. Denn Privatschulen haben Vorteile, aber auch einige gewichtige Nachteile. Und wenn sich das Angebot der Privatschule nicht deutlich von demjenigen der öffentlichen Schule unterscheidet, macht es wenig Sinn, das Kind dorthin zu schicken.

Lohnt sich die Privatschule?

Vorteile:
- In Privatschulen sind die Schulklassen meist kleiner als in der öffentlichen Schule.

- Sie können ein auf die Bedürfnisse Ihres Kindes zugeschnittenes Angebot wählen.
- Privatschulen sind meistens Tagesschulen.
- Die Kinder geniessen eine individuellere Betreuung. So wird den einzelnen Kindern besser Rechnung getragen.

Nachteile:
- Die Kinder werden aus dem sozialen Gefüge ihres Wohnumfeldes gerissen. Sie werden leicht zu Aussenseitern unter den Nachbarskindern.
- Die Kinder müssen meist in die Schule gebracht werden. Der Freiraum des Schulwegs fehlt ihnen für Erfahrungen und Erlebnisse.
- Privatschulen sind teuer.
- Der Übertritt von einer Privatschule in die öffentliche Schule kann den Kindern grosse Schwierigkeiten bereiten.
- An vielen Privatschulen stammen die Kinder aus gehobenen Schichten; sie entwickeln oft ein Elitedenken.
- Die Kinder an Privatschulen kommen meist aus einem ähnlichen sozialen Umfeld. So haben sie nicht die Möglichkeit, die breite Palette von Lebensstilen und sozialen Verhältnissen kennen zu lernen.

Eine geeignete Schule finden

Wenn Sie sich entschieden haben, Ihr Kind privat unterrichten zu lassen, geht es darum, die richtige Schule zu finden. Es empfiehlt sich, mehrere Schulen zu prüfen, die Angebote miteinander zu vergleichen und die Eindrücke und Wünsche Ihres Kindes bei der Wahl zu berücksichtigen. Die Checkliste auf Seite 27 gibt Ihnen Anhaltspunkte.

Das Kind mitwählen lassen

 Schnuppern Sie zusammen mit Ihrem Kind einen Tag in der Schule. Wichtig ist, dass dadurch noch keine Verpflichtungen für Sie entstehen.

Checkliste: Eine Privatschule suchen

Beurteilen Sie eine oder mehrere Schulen Ihrer Wahl nach folgenden Gesichtspunkten:

- Wo liegt die Schule? Ist der tägliche Weg dahin gut zu bewältigen?
- Sind Ihnen und Ihrem Kind die Räumlichkeiten sympathisch? Besichtigen Sie Klassenzimmer, Aufenthaltsräume, Pausenplatz.
- Wie steht es um die Verpflegungsmöglichkeiten? Ist der Speiseplan einigermassen abwechslungsreich?
- Wie sieht das pädagogische Konzept der Schule aus?
- Welche Qualifikationen bringen die Lehrpersonen mit?
- Wie gross sind die Klassen?
- Wie ist der Ruf der Schule? Beschaffen Sie sich Referenzen.
- Gehört die Schule einem Verband an? Wenn ja, haben Sie die Gewissheit, dass sich die Schule an die vom Verband vorgegebenen Richtlinien zu halten hat. Zudem können Sie bei Problemen an eine übergeordnete Stelle gelangen.
- Prüfen Sie die Vertragsbestimmungen genau: Sind sie klar formuliert? Enthalten sie folgende Angaben: Aufnahmebedingungen, Beginn und Dauer der Ausbildung, Anzahl Lektionen, Fächerzusammensetzung und Programm des Lehrstoffes, Form und Zeiten des Unterrichts, Kosten sowie Art (und Anerkennung) des Abschlusses?

Vereinbaren Sie mit der Schulleitung ein Gespräch, um über die gegenseitigen Vorstellungen und Erwartungen zu sprechen sowie allfällige Fragen zu klären.

Privatschulen finanzieren

Öffentliche Schulen sind gratis, die Kosten für eine Privatschule haben in der Regel die Eltern zu tragen. Zwar sind mancherorts so genannte Bildungsgutscheine, die in der favorisierten Schule eingelöst werden können, im Gespräch. Sie wurden aber noch in keinem Kanton eingeführt. Denn neben der Ausbildung hat die öffentliche Schule eine weitere wichtige Funktion: Sie fördert die Integration und das Zusammenleben von verschiedenen gesellschaftlichen Schichten und Personen mit unter-

Gesellschaftlicher Auftrag

schiedlichen kulturellen Hintergründen. Würden immer mehr Kinder Privatschulen besuchen, würden sie meist nach Bildungsniveau der Eltern, nach Religionszugehörigkeit oder kulturellem Hintergrund getrennt. Damit würde diese wichtige gesellschaftliche Aufgabe der Schule gefährdet.

Manchmal hilft der Staat

Auch wenn die Eltern in der Regel die Kosten für die Privatschulen ihrer Kinder zu tragen haben, wird sich der Staat an den Kosten einer Privatschule beteiligen, wenn die Förderung eines Kindes an der öffentlichen Schule nicht gewährleistet ist und eine solche Schulungsmöglichkeit von der Schulbehörde bewilligt wird.

Zweisprachige Schulen

Immer mehr Eltern sehen in der Mehrsprachigkeit ihrer Kinder einen Grundstein für späteren Erfolg. Wem Frühenglisch (siehe Seite 34) nicht reicht, der wird sich nach einer zweisprachigen Schule umsehen. Bei zweisprachigem (bilingualem) Unterricht wird der Lernstoff in mindestens einem Schulfach in einer anderen Sprache unterrichtet. Möglich ist auch, dass die Unterrichtssprache in ein und demselben Fach in den verschiedenen Unterrichtsstunden wechselt. Die Idee dahinter: Kinder lernen die neue Sprache spielerisch, und sie wird ganzheitlich vermittelt.

Je früher, desto besser?

Ziel des frühen Sprachunterrichts ist ein Bewusstsein für Vielsprachigkeit sowie die Freude an Fremdsprachen. Mit der Zeit sollen die Kinder sich in der zweiten Sprache auch über altersgerechte Themen verständigen können.

Kleine Kinder lernen eine Zweitsprache oft mühelos. Für den Erfolg ist allerdings wichtig, dass diese Sprache auch allgemein in der Familie gepflegt wird. Zudem entscheidet der Erwerb der Erstsprache, wie gut eine weitere Sprache gelernt wird. Achten Sie deshalb darauf, dass die Muttersprache nicht zu kurz kommt.

Zweisprachige Primarschulen haben viele Vorteile:
- Die Kinder lernen besser, die Sprache auch wirklich zu sprechen und sie nicht nur in Klausuren und im begrenzten Fremdsprachenunterricht anzuwenden.
- Die Kinder lernen generell besser und genauer zuzuhören und zu sprechen.
- Früher Fremdsprachenerwerb fördert die geistige Entwicklung: Kinder sind kreativer, lernen flexibel zu denken und versuchen, sich stärker in andere hineinzuversetzen, die die Sprache nicht so gut verstehen wie sie selbst.
- Sprachen lernen ist mehr als nur Sprachkenntnisse erwerben. Es ist auch Auseinandersetzung mit Inhalten, Weltbildern und Kulturen.
- Wer Sprachen kann, hat Vorteile in der Ausbildung und im Berufsleben.

Trotzdem sind zweisprachige Schulen nicht für alle Kinder geeignet. Für Kinder, die Mühe haben mit dem Schulstoff oder verbal nicht gewandt sind, kann der zweisprachige Unterricht in der Überforderung enden. Und Eltern, die zu hohe Ansprüche ans korrekte Sprechen haben, verderben ihren Sprösslingen möglicherweise den Spass an der Sache. Das kann in extremen Fällen zu doppelter Halbsprachigkeit, zu Sprachmischungen oder zu Sprachverweigerung führen. Achten Sie deshalb darauf, dass die Motivation Ihres Kindes erhalten bleibt – sie ist die Voraussetzung für den Lernerfolg.

Vorsicht vor zu hohen Ansprüchen

Klasseneinteilung und Stundenplan

Das Recht auf Grundausbildung bedeutet nicht, dass die Eltern oder die Kinder die Schule, den Schulort oder die Klasse frei wählen können. Die Kinder sind verpflichtet, die Schule zu besuchen, der sie durch die Schulbehörden zugewiesen werden.

Kinder gehen grundsätzlich dort in die Schule, wo sie sich unter der Woche – das heisst an Werktagen – ständig aufhalten und insbesondere auch schlafen. Ob und weshalb ein Kind nicht bei den Eltern wohnt, ist dabei unerheblich. Dieser Grundsatz gilt auch für Kinder, die in Heimen untergebracht sind, falls sie nicht intern unterrichtet werden.

Wenn Wohnort nicht gleich Schulort ist

Hat eine Gemeinde keine Schule, so muss das Kind den Unterricht an einem anderen Ort besuchen. Die Eltern können aber auch in diesem Fall nicht wählen, wo ihr Kind zur Schule geht. Vielmehr ergibt sich hier der Schulort aus interkantonalen Vereinbarungen, oder er wird durch eine kantonale Instanz bestimmt.

Interkantonale Absprachen

Wenn eine Ortschaft die für ein Kind geeignete Schulart nicht führt, verhält es sich genauso. Soll ein Kind beispielsweise die Sonderklasse für sprachbehinderte Kinder besuchen und fehlt eine solche Klasse in seiner Gemeinde, so wird es aufgrund interkantonaler Vereinbarungen oder von der kantonalen Instanz einer solchen Klasse in einer anderen Gemeinde zugeteilt.

Es gibt noch mehr Gründe, die dazu führen können, dass Schulkinder nicht die Schule an ihrem Wohnort besuchen. Gemeinden können Kinder ausnahmsweise in einer Nachbargemeinde zur Schule schicken, um Klassengrössen auszugleichen, sofern dies die kantonale Gesetzgebung erlaubt. Weiter können Kinder der Schule einer Nachbargemeinde zugeteilt werden, um einen gefährlichen oder übermässig langen Schulweg zu vermeiden oder um allein erziehenden und / oder berufstätigen Eltern die Organisation der Kinderbetreuung in der schulfreien Zeit zu erleichtern.

Der Schulweg kann ausschlaggebend sein

Vielfach wird bei einem Wohnortswechsel darauf geachtet, dass das Kind die Schule nicht mitten im Schuljahr wechseln muss, sondern entweder das Schuljahr bereits am neuen Ort beginnen oder noch am alten

Wohnort beendigen kann. Fehlt bis zu einem Wechsel in die nächst höhere Schulstufe nur noch ein Jahr, kann ebenfalls auf einen Wechsel des Schulortes verzichtet werden.

Grundsätze für die Einteilung
Die Behörden folgen bei der Zuteilung zu Schulhäusern und bei der Klasseneinteilung verschiedenen Grundsätzen. Kriterien können beispielsweise so aussehen:
- Erstklässlerinnen und Erstklässler sollen auf möglichst sicherem Weg ins Schulhaus gehen können.
- Der Schulweg muss zumutbar sein.
- Die Anteile Mädchen, Buben, Fremdsprachige sollen möglichst ausgeglichen sein.
- Bei mehreren ersten Klassen im gleichen Schulhaus werden die Kinder unter den Lehrkräften ausgelost.
- Wenn möglich soll ein Gspänli aus dem Kindergarten in die gleiche Klasse.
- Wenn Kinder einen Hort besuchen oder von Tageseltern betreut werden, wird bei der Zuteilung darauf Rücksicht genommen.

Können Eltern bei der Einteilung mitreden?
Die zuständigen Schulbehörden können bei der Schul- oder Klassenzuteilung Ausnahmebewilligungen erteilen. So werden die Wünsche der Eltern betreffend Schulzuteilung zwar entgegengenommen und nach Möglichkeit berücksichtigt. Der Entscheid liegt letztlich aber bei der örtlichen Schulbehörde. Weil kein Recht besteht, den Schulort oder die Klasse frei zu wählen, sind Beschwerden an die nächst höhere Instanz meistens aussichtslos. Diese kann nur eingreifen, wenn klar ein Recht verletzt wird.

Behörde entscheidet

 Erkundigen Sie sich bei der Schulbehörde Ihrer Gemeinde, wann die Schul- und Klassenzuteilungen gemacht werden und bis wann Sie ein entsprechendes Gesuch einreichen müssen. Wenn Sie frühzeitig aktiv werden, hat die Gemeinde mehr Möglichkeiten und Spielraum, um Ihren Wunsch bei der Planung zu berücksichtigen, und die Chance, dass das Gesuch gutgeheissen wird, ist grösser.

Aus eins mach zwei: Einführungsklassen

In Einschulungs- oder Einführungsklassen werden die Kinder behutsam in die Schulwelt eingeführt, weil der Stoff des ersten Schuljahres auf zwei Jahre verteilt wird. Dieses Angebot besteht für Kinder, die einfach etwas länger als andere haben, bis sie «den Knopf auftun». Für die spätere Entwicklung ist es nicht von Bedeutung, ob ein Kind die Einführungsklasse besucht hat – Ziel einer Einführungsklasse ist immer, dass das Kind nach zwei Jahren der normalen Regelklasse zugeteilt wird, also in die zweite Klasse kommt.

Gemächlicher Einstieg

Einführungsklassen werden meist sehr klein gehalten, damit die Lehrer und Lehrerinnen sich intensiv und individuell um die Kinder kümmern können. Es zeigt sich bald, ob mehr Zeit auch wirklich der entscheidende Faktor ist, damit das Kind Lernfortschritte macht. Vielleicht liegt auch eine Lernstörung vor, die Zeit allein meistens nicht zu heilen vermag. In solchen Fällen ist die Einführungsklasse die falsche Lösung.

In der Regel richtet die Kindergärtnerin einen entsprechenden Antrag an die Schulbehörde. Dem Urteil einer erfahrenen Kindergärtnerin kommt hierbei grosses Gewicht zu. Voraussetzung für die Aufnahme in die Einführungsklasse ist zudem praktisch überall eine Empfehlung durch den Schulpsychologischen Dienst und ein Antrag der Eltern.

Empfehlung und Antrag

Es kommt selten vor, dass ein Kind gegen den Willen der Eltern in eine Einführungsklasse geschickt wird. Das Gegenteil ist eher der Fall: Eltern möchten, dass ihre Kinder in den Genuss dieser gemächlicheren Einschulung kommen, die Behörden winken ab. Wie immer im Kontakt mit den Behörden können Sie sich in diesem Fall nach Erhalt eines beschwerdefähigen Entscheides bei der nächsthöheren Instanz beschweren (mehr dazu ab Seite 73).

Der Stundenplan

Die zuständige Behörde, meist die Gemeinde oder die Aufsichtsbehörde, legt den Stundenplan in der Regel für ein halbes Jahr fest. Oft wird er von der Lehrperson erstellt und von der zuständigen Behörde genehmigt. Der Stundenplan darf danach nicht beliebig abgeändert werden: Die Schülerinnen und Schüler, Eltern sowie Lehrerinnen und Lehrer sollen sich darauf verlassen können. Eine Änderung ist nur von der zuständigen Behörde und aus wichtigen Gründen zulässig.

Hohe Verbindlichkeit

Beliebt: Blockzeiten

Das Volksschulgesetz des Kantons Zürich hält fest: «Der Stundenplan berücksichtigt in erster Linie die Interessen der Schülerinnen und Schüler.» Die Interessen der Eltern werden nicht erwähnt. Die Erleichterung für berufstätige Eltern durch Blockzeiten fallen deshalb auch vielerorts nur mässig ins Gewicht – insbesondere dann, wenn mehrere Kinder die Primarschule besuchen und deren Stundenpläne nicht koordiniert sind. Unter Blockzeiten werden je nach Wohnort unterschiedlich lange Blöcke verstanden, in denen die Kinder garantiert in der Schule betreut werden.

Strukturierter Alltag

Trotz unterschiedlicher Ausgestaltung: Blockzeiten beruhigen den Familienalltag. Sie sind die schulorganisatorische Antwort auf ein gesellschaftliches Anliegen und eine Reaktion auf veränderte Familienstrukturen. Immer mehr Gemeinden stellen deshalb auf Blockzeiten um – im Kanton Zürich und in einigen anderen Kantonen sind Blockzeiten sogar gesetzlich vorgesehen.

Klare Vorteile Überall, wo Blockzeiten eingeführt wurden, möchten weder Eltern noch Kinder noch Lehrerschaft zurück zu alten Modellen. Die klaren Zeitstrukturen, die über die ganze Woche gleich bleiben, verschaffen allen Beteiligten Sicherheit und Kontinuität. Dies fängt damit an, dass alle Schüler gemeinsam den Schulweg zurücklegen und die Eltern den Tag besser einteilen können. Auch die Schulen selber profitieren: Im Unterricht entstehen dank zeitlichen Ressourcen und mehr Flexibilität neue Gestaltungsmöglichkeiten wie beispielsweise verbesserte schulinterne Zusammenarbeit bei klassenübergreifenden Aktivitäten oder Fördergruppen.

Häufig ergreifen engagierte Eltern die Initiative, Blockzeiten einzuführen. Hier einige Tipps dazu:

- Verschaffen Sie sich im kantonalen Schulgesetz einen Überblick über die gesetzlichen Grundlagen.
- Suchen Sie Verbündete wie andere Eltern, Lehrpersonen, Mitglieder der Schulbehörde und politische Parteien.
- Klären Sie ab, ob es in anderen Gemeinden des Kantons schon Blockzeiten gibt. Was brauchte es, damit sie eingeführt wurden?
- Konkretisieren Sie in Arbeitsgruppen Ihre Ideen und gelangen Sie an die zuständigen Schulbehörden.

Frühenglisch: Oje oder oh yeah?

Kaum ein schulisches Thema hat die Nation in den letzten Jahren so sehr gespalten wie das Thema Frühenglisch. Auf beiden Seiten wird mit harten Bandagen ge- **Heftige Kontroverse** kämpft – sorry, gefightet. Wer sich dagegen ausspricht, gilt als reaktionär und muss sich sagen lassen, dass er den Kindern wichtige Bildung verwehren will. Und wer dafür ist, wird von den Gegnern als Bildungsturbo bezeichnet, der die Kinder überfordert.

Fakt ist, dass Englisch in unserer globalisierten Welt immer wichtiger wird und dass Mehrsprachigkeit im Berufsleben Vorteile bringt – das schleckt auf gut Schweizerdeutsch keine Geiss weg. Frühenglisch soll die Grundschulkinder auf spielerische Art mit dieser Sprache in Kontakt bringen. Tatsächlich fällt der spielerische Zugang weg, wenn man erst als Jugendlicher oder sogar als Erwachsener mit dem Erwerb einer Fremdsprache beginnt. Wie immer Sie dazu stehen: Wenn an der Primarschule Ihres Kindes Frühenglisch unterrichtet wird, so ist Ihr Kind verpflichtet, am Unterricht teilzunehmen – und wird in der Regel Spass daran haben. Vorsicht jedoch vor zu hohen Erwartungen: Freuen Sie sich an den Fortschritten Ihres Kindes, aber korrigieren Sie weder Grammatik noch Aussprache.

_{Die meisten Kinder haben Spass}

Betreuung ausser Haus

«Ich habe doch kein Kind auf die Welt gebracht, um es wegzugeben», schreibt eine Mutter dem Beobachter. Sie ist allein erziehend und nebst ihren Alimenten auf Sozialhilfegelder der Gemeinde angewiesen. Diese verlangt nun von ihr, dass sie sich um Arbeit bemüht und das Kind stunden- oder tageweise extern betreuen lässt. Darf die Gemeinde das? Es kommt auf das Alter des Kindes an. Die Schweizerische Konferenz für Sozialhilfe (SKOS) empfiehlt den Behörden, allein erziehende Mütter nicht zur Aufnahme einer Arbeit zu drängen, bevor die Kleinen dreijährig sind. Danach sei eine Fremdbetreuung zumutbar.

_{Arbeiten statt Kinder betreuen?}

Erweiterung des Spielraums

Das Wort «Fremdbetreuung» hat einen negativen Beigeschmack. Wer will sein Kind schon von fremden Leuten betreuen lassen? Trotzdem wird der Begriff immer noch verwendet und schadet dem Image von Kinderkrippen, Horten und Pflegeeltern. Auch Eltern, die ihre Kinder zur Betreuung weggeben, werden oft scheel angesehen. Doch wer sagt, dass Kinder erstmals im Kin-

dergarten von jemand anderem als den eigenen Familienangehörigen betreut werden sollen?
Kinder brauchen Zugang zur Umwelt, sie brauchen Bewegungs-, Wahrnehmungs- und Handlungsspielraum, damit sie wertvolle Erfahrungen mit anderen Kindern und anderen Erwachsenen machen können. Sorgfältig geführte Einrichtungen, welche die familiäre Betreuung ergänzen, bieten diesen Spielraum in idealer Weise.

Wie Kinder profitieren

Fachleute haben im Rahmen eines nationalen Forschungsprogramms nachgewiesen, dass Lehrerinnen und Lehrer die sprachlichen, kognitiven und sozialen Fähigkeiten von familienergänzend betreuten Kindern höher einschätzen als jene von Kindern, die ausschliesslich im Kreise der eigenen Familie aufgewachsen sind. Insbesondere Kinder aus Migrationsfamilien profitieren von einer ausserfamiliären Betreuung. Sie bewältigen die Einschulung entschieden besser als Kinder, die im Kindergarten oder in der Schule erstmals mit anderen Kulturen in Kontakt kommen. In der Studie wurde denn auch festgestellt, dass familienergänzende Betreuung sinnvollerweise lange vor dem Kindergarten einsetzt.

Bessere Fähigkeiten

Betreuungsmöglichkeiten zwischen Schule und Elternhaus

Sozialisation findet hauptsächlich im Elternhaus und in der Schule statt. Daneben gibt es viele Einrichtungen,

Was ist Sozialisation?

Sozialisation ist ein umfassender Begriff für das entwicklungsbedingte Hineinwachsen in die Gesellschaft und für sämtliche Einflüsse der Gesellschaft auf den Menschen. Wo immer man sich bewegt, man stösst auf die Werte und Normen der Gesellschaft, sei es in der Familie, in der Schule, in der Nachbarschaft oder im gesellschaftlichen Umfeld. Unter anderem durch diese Einflüsse finden Menschen ihre Identität und lernen Verhaltensweisen und Strategien, wie man sich in der Gesellschaft bewegen muss, soll und kann. Sozialisation ist das von der Gesellschaft geforderte Erlernen immer neuer Rollen; sie dauert ein ganzes Leben lang.

die sich an der Erziehung und der Betreuung (und somit an der Sozialisation) beteiligen:
- **Tageseltern** sind meist Tagesmütter. Wie der Name sagt, betreuen sie tagsüber Kinder jeden Alters. Vermittelt werden sie über Tageselternvereine (die es aber nicht überall gibt) oder durch die Jugendsekretariate. Eine Bewilligung brauchen Tageseltern im Gegensatz zu Pflegeeltern nicht. Die Kantone können jedoch Regeln erlassen. Erkundigen Sie sich bei Ihrer Gemeinde.

> **Betreuungsnotstand: Wenn Kinder krank sind**
>
> Berufstätige Eltern stehen vor einem Problem, wenn ihr Kind krank wird und kurzfristig keine Betreuung organisiert werden kann. In solchen Fällen brauchen Sie keine Ferien zu nehmen oder sich selber krank zu melden. Im Arbeitsgesetz steht, dass die Arbeitgeber den Arbeitnehmern mit Familienpflichten gegen Vorlage eines ärztlichen Zeugnisses die zur Betreuung kranker Kinder erforderliche Zeit im Umfang bis zu drei Tagen freizugeben haben. Diese «freien Tage» beziehen sich nicht auf das Kalenderjahr, sondern auf den jeweiligen Krankheitsfall und müssen im Übrigen bezahlt werden, genau wie wenn die Arbeitnehmerin, der Arbeitnehmer selber erkrankt wäre.

- In **Kinderhorten**, wo fast immer ausgebildete Hortnerinnen oder Sozialpädagoginnen arbeiten, werden Schüler und Kindergärtner während einzelner oder allen Wochentagen (in der Regel nur an Werktagen) betreut. Vor und/oder nach der Schule sind die Kinder im Hort, essen dort, machen Aufgaben und spielen miteinander. Idealerweise ist der Hort in der Nähe der Schule.
- **Mittagstische** werden meist von engagierten Eltern angeboten. Sie ermöglichen den Kindern über Mittag eine betreute Verpflegungsmöglichkeit.
- **Tagesschulen** werden immer populärer. Kantone und Gemeinden sind aber nicht verpflichtet, diesen Schultypus anzubieten. In Tagesschulen verbringen die Kinder den ganzen Tag, brauchen also nicht zwischen Hort und Schulhaus zu wechseln. Unterricht und Freizeit finden in der Gruppe statt (siehe auch Seite 24).

2. Jetzt gehts los

Die Aufregung beginnt schon lange vor dem ersten Schultag, dem alle Kinder entgegenfiebern: Finden sie bald neue Freundinnen und Freunde? Wie ist der Lehrer, die Lehrerin? Wird man sich zurechtfinden auf dem Schulweg und im Schulhaus? Der Kauf von Thek und Etui im Vorfeld ist ein grosser symbolischer Akt.

Der erste Schultag

Gemischte Gefühle

Der erste Schultag ist der Beginn eines neuen, grossen Lebensabschnittes. Nicht nur für die Kinder, auch für die Eltern ist dieser Tag mit intensiven Gefühlen verbunden, denn sie erinnern sich an ihre eigene Schulzeit. Nun ist der Moment gekommen, wo sie ihre Tochter oder ihren Sohn noch ein bisschen mehr loslassen müssen, obwohl sie doch «noch so klein» sind. Meist sind die Kleinen aber gar nicht mehr so klein: Anhänglich und Hilfe suchend verhalten sie sich nur, wenn Mama und Papa zugegen sind und niemand zuschaut. Wenn die Eltern nicht da sind, zeigen sie sich dagegen selbständig und initiativ.

 Denken Sie einmal kurz über Ihre eigene Schulzeit nach. Welche Gefühle und Erinnerungen verbinden Sie damit? Machen Sie sich Ihre eigenen (negativen) Erfahrungen bewusst. So verhindern Sie, dass Sie sie ungewollt und unbewusst auf Ihr Kind übertragen und ihm so Probleme bereiten.

Einen guten Kontakt zur Lehrerin schaffen

Verständlich, dass Eltern von den Kindern wissen möchten, wie der allererste Schultag war – verständlich aber auch, dass viele Kinder keine grossen Worte darüber verlieren wollen. Ist dies ein Anlass zur Besorgnis? Lief etwas nicht gut? Meist ist das Gegenteil der Fall: Die Kinder haben nun einen eigenen Lebensbereich, in den sich die Eltern bitteschön nicht allzu sehr einmischen sollen!

 Statt Ihren kleinen Schüler auszufragen, bitten Sie so bald als möglich um ein Gespräch mit der Lehrperson. Wenn diese etwas über den Alltag und das Verhalten der Kinder erfährt und wenn Eltern hören, wie sich ihr Kind in der Schule bewegt, so wird der Grundstein für eine gute Zusammenarbeit zwischen Schule und Elternhaus gelegt.

Die richtige Ausrüstung

Was im Kindergarten das Znünitäschli, das ist in der Schule der Thek. Erhält Ihr Kind den Thek geschenkt, ohne beim Einkauf dabei sein zu können, so entspricht er vielleicht nicht so ganz seinem Geschmack, was bei einem solch symbolhaltigen Gegenstand äusserst schade wäre. Lassen Sie Ihr Kind deshalb den Thek selber aussuchen.

Wünsche respektieren

Nebst ästhetischen Merkmalen muss ein Thek auch einigen zusätzlichen Anforderungen genügen: Sein Gewicht sollte zusammen mit dem Inhalt nicht mehr als zehn Prozent des Körpergewichts des Kindes betragen, und er sollte möglichst farbig sein, weil dies zur Verkehrssicherheit beiträgt. Teile aus reflektierendem Material sind ein zusätzlicher Pluspunkt.

Viele Kinder wünschen sich statt eines klassischen Schultheks einen Rucksack. Worin die Kinder ihre Siebensachen zur Schule tragen, ist nicht so wichtig. Entscheidend ist aber, dass sie diese nah am Rücken und mit beiden Schultern tragen. Achten Sie deshalb darauf, dass Thek oder Rucksack ähnlich wie ein Wanderrucksack nicht breiter als die Kinderschultern ist. Er sollte auch möglichst

Richtig tragen

leicht sein, eine gepolsterte Rückenseite und breite, verstellbare Tragriemen haben.

Das richtige Gepäckstück am Rücken macht aber noch keinen fertigen Erstklässler. Des kleinen Abc-Schützen Farbstifte, sein Gummi, sein Fülli und sein Massstab gehören in ein Etui, die Turnsachen und Hallenschuhe in einen Sportsack. Und weil man in den meisten Schulhäusern wie daheim die Schuhe auszieht, braucht das Kind auch ein Paar Finken.

Was es sonst noch braucht

Freiraum Schulweg

Der Weg in die Schule gehört den Kindern. Hier pflegen sie wichtige soziale Kontakte – und geniessen den Freiraum fern der Kontrolle durch Erwachsene. Doch auch auf dem Schulweg gelten Regeln. So helfen Sie Ihrem Sohn, Ihrer Tochter:

- Üben Sie den Schulweg, am besten mehrmals und schon vor dem ersten Schultag. Vielleicht am Tag, an dem der Thek gekauft wird oder in den Ferien? Ziel ist, dass Ihr Kind den Weg später allein zurücklegen kann.
- Legen Sie den Schulweg genau fest. Machen Sie mit Ihrem Sprössling ab, wie lange er maximal für den Weg brauchen darf. Rechnen Sie dafür genügend Zeit ein.
- Wenn andere Kinder aus der Nachbarschaft in die gleiche Schule gehen, kann ein Grüpplein gemeinsam den Weg zurücklegen – wenigstens am Anfang.
- Sollte Begleitung notwendig sein, vereinbaren Sie mit anderen Eltern einen Turnus.

Sicher durch den Verkehr

Kinder sind die schwächsten Verkehrsteilnehmer; rund 1300 werden jährlich auf dem Schulweg verletzt. Das hängt damit zusammen, dass sie sich anders verhalten als Erwachsene: Sie sind unberechenbar und impulsiv und können Gefahren lange nicht richtig einschätzen. Weil sie noch klein sind, erscheinen ihnen zudem Gegenstände in anderen Dimensionen und Perspektiven als uns Erwachsenen. Auch ihre Konzentrationsfähigkeit ist nicht voll entwickelt, bis sie rund 13 Jahre alt sind.

Helfen Sie Ihrem Kind mit diesen Instruktionen:

- Vor dem Betreten der Strasse auf dem Randstein stehenbleiben, auf beide Seiten schauen. Erst gehen, wenn die Strasse frei ist. Nie rennen!
- Jedes Kind schaut für sich – wenn die Freundin losläuft, heisst das nicht, dass man selber nicht mehr aufpassen muss.
- Immer einen Zebrastreifen benützen oder die Strasse bei der Ampel überqueren – auch wenn das einen kleinen Umweg bedeutet.
- Nie über die Strasse rennen, weil auf der andern Seite ein Gspänli ruft.
- Nie zwischen geparkten Autos spielen oder von dort auf die Strasse springen.

Kinder nehmen anders wahr

Versehen Sie Pellerine und Thek mit Reflektormaterial, ziehen Sie Ihr Kind hell an. Helle Farben sind für andere Verkehrsteilnehmer besser zu erkennen als Schwarz oder Dunkelblau.

Ausführliches Informationsmaterial erhalten Sie bei der Schweizerischen Beratungsstelle für Unfallverhütung (bfu; Adresse im Anhang).

Verantwortlich: die Eltern

Der Schulweg ist ein Zwischenstück zwischen Schule und Elternhaus. Die Verantwortung dafür liegt grundsätzlich bei den Eltern. Sie entscheiden, ob ihr Kind allenfalls mit dem Trottinett oder dem Velo zur Schule fahren darf.

Schulwege müssen zumutbar sein

Ist der Schulweg zu lang, ist er zu gefährlich? Darüber gehen die Meinungen zuweilen weit auseinander. Gesuche und Beschwerden von Eltern im Zusammenhang mit dem Schulweg haben in den letzten Jahrzehnten stark zugenommen.

Viele Beschwerden

Das verfassungsmässige Recht auf Bildung schliesst den Anspruch mit ein, den Schulweg ohne unzumutbare Schwierigkeiten bewältigen zu können. Doch was kann einem Kind zugemutet werden? Das hängt hauptsächlich von folgenden drei Kriterien ab:
- von der Person des Schülers, der Schülerin
- von der Art des Schulweges
- von der Gefährlichkeit des Weges.

Für die Beurteilung des Schulweges sind Länge, Höhenunterschied und Beschaffenheit massgebend. Rund 2,5 Kilometer oder eine halbe Stunde Fussmarsch ohne bedeutende Höhenunterschiede und besonders steile Stellen gelten als zumutbar. Kann ein Fahrrad benützt werden, sind gar fünf Kilometer zu akzeptieren.

Schwieriger zu beantworten ist die Frage, wann ein Schulweg gefährlich ist. Wann dies der Fall ist, lässt sich nicht verallgemeinern. Anerkanntermassen gefährlich sind verkehrsreiche Strassen ohne Trottoirs, Strassenübergänge über stark frequentierte Strassen ohne Lichtsignale oder längere Wegstücke durch Wälder. Doch spielen die örtlichen Verhältnisse ein erhebliche Rolle. An Kinder, die in Städten leben, werden bezüglich des Verhaltens im Strassenverkehr höhere Anforderungen gestellt als an Kinder aus ländlichen Gegenden. Ist ein zwar kurzer und von der Verkehrssituation her sicherer Schulweg, der aber an der Drogenszene vorbei und mitten durchs Rotlichtviertel führt, zumutbar? Es gibt in dieser Frage bisher keine Gerichtsentscheide und damit nur persönliche Antworten. Wie denken Sie darüber?

Zu waldig, zu verkehrsreich?

So können Sie sich wehren

Können sich die Eltern und die Schulbehörde nicht einigen, ob ein Schulweg als gefährlich eingeschätzt werden muss oder nicht, haben die Eltern das Recht auf einen schriftlichen Entscheid der Schulbehörde. Diesen können sie bei der Aufsichtsbehörde anfechten (mehr dazu siehe Seite 73).

■ *Kathrin muss auf dem Weg in den Kindergarten eine Hauptstrasse überqueren, dazu einige Quartierstrassen, für welche eine Höchstgeschwindigkeit von 30 km/h vorgeschrieben ist. Beim Übergang über die stark befahrene Hauptstrasse steht eine Ampel. Ein solcher Weg gilt als zumutbar.* ■

Im Schulbus zur Schule?

Ein unzumutbarer Weg ist nicht vereinbar mit dem Recht auf Ausbildung sowie Chancengleichheit und Rechtsgleichheit. Deshalb muss die Gemeinde in diesen Fällen dafür sorgen, dass die Kinder die Schule auf andere Weise erreichen können. Oft richten sie Schulbusse ein. Es sind aber auch andere Lösungen denkbar: Zuteilung zu einem anderen Schulhaus, bauliche Massnahmen, Übernahme der Kosten des öffentlichen Verkehrs oder Begleitung vor allem an den gefährlichen Stellen des Schulweges.

Alternative zum Schulbus

■ *Der siebenjährige Gian muss auf dem Weg zur Schule rund drei Kilometer Fussweg und eine Höhendifferenz von 260 Metern bewältigen. Dabei muss er zuerst eine Brücke und danach eine stark befahrene Kantonsstrasse ohne Lichtsignal und Fussgängerstreifen überqueren. Anschliessend führt der schlecht beleuchtete Weg während rund zwei Kilometern durch den Wald. Ein solcher Weg ist klar unzumutbar. Die Gemeinde muss für den Transport aufkommen und bietet einen Schulbus an.* ■

Richtet die Gemeinde einen Schülertransport ein, so heisst dies nicht, dass Schülerinnen und Schüler vor der Haustür abgesetzt werden. Der Weg muss bloss auf ein zumutbares Mass reduziert werden.

Meist gratis Aus dem Recht auf unentgeltliche Grundausbildung kann gefolgert werden, dass sich die Eltern nicht an den Kosten für den Transport ihres Kindes zur Schule beteiligen müssen. Allerdings ist die Gemeinde nur verpflichtet, die Mittel bis zur nächstgelegenen Schule der gleichen Art aufzuwerfen.

Grundsätzlich tragen die Eltern für ihre Kinder auf dem Schulweg die Verantwortung. Hingegen ist für Schülerinnen und Schüler, welche einen von der Schule organisierten Transport benützen, die Schule verantwortlich.

Pünktlich im Klassenzimmer

Ein Dauerthema unter Müttern und Vätern: Wie bringt man die Kleinen pünktlich aus dem Haus? Das Zeitvorstellungsvermögen im Alter des Schuleintritts ist unterschiedlich ausgeprägt: Manche Kinder kennen die Uhr bereits, andere kaum. «Beeilung» ist für Kinder dieses Alters ein Fremdwort – sie sind vielleicht noch sehr verträumt. Ausserdem ist vielen Kindern noch nicht bewusst, dass die Zeit vor dem Antritt des Schulwegs nach einer festgelegten Abfolge – ausreichend frühstücken, Zähne putzen, Schultasche packen, Schuhe anziehen etc. – erfolgen soll. So ist der tägliche Stress für Eltern und Kind vorprogrammiert: Ein paar Tipps helfen Ihrem Nachwuchs, pünktlich zu sein:

Zeit zum Spielen einräumen

1. **Genügend Zeit.** Wieviel Zeit braucht Ihr Kind für die Dinge, die es erledigen muss und will? Rechnen Sie zehn Minuten Spielen, Lesen, Herumtoben ein – auch morgens! Respektieren Sie individuelle Zeitansprüche.
2. **Ritual.** Ein stets gleicher Ablauf hilft dem Kind, die Vorbereitungen zur Routine werden zu lassen. Die Selbständigkeit nimmt zu.

3. **Zeitmanagement.** Was soll in welcher Reihenfolge und bis wann erledigt sein? Zeichnen Sie diese Schritte – Anziehen, Frühstücken, Zähneputzen, Kämmen, Losziehen – gemeinsam auf ein grosses Papier. Einiges lässt sich schon am Vorabend bereitstellen: Kleider, Schultasche, Znüni.
   Gefestigter Ablauf
4. **Uhr / Wecker.** Markieren Sie auf einer Wand-Uhr, was bis wann geschafft sein muss. Lassen Sie fünf Minuten, bevor sich Ihr Kind auf den Weg machen muss, den Wecker klingeln.
5. **Lob und Belohnung.** Ein Kind, das pünktlich zur Schule kommt, hat ein Lob verdient. Setzen Sie eine Belohnung aus, wenn Ihr Kind damit Schwierigkeiten hat. Nach zwei Wochen absetzen.
6. **Schulweg.** Ermahnen Sie Ihr Kind, auf dem Schulweg nicht zu trödeln. Es soll auf direktem Wege zur Schule gehen und wieder nach Hause kommen.
7. **Vorbild.** Nicht zuletzt: Seien Sie ein Vorbild an Pünktlichkeit.

 Wenn alles nichts nützt: Lassen Sie Ihr Kind ruhig einmal zu spät kommen. Die Lehrperson wird es darauf ansprechen. Besprechen Sie die Konsequenzen im Nachhinein mit Ihrem Kind und finden Sie gemeinsam eine Lösung, wie es in Zukunft pünktlich sein kann. Verzichten Sie darauf, für Ihr Kind Entschuldigungen zu erfinden. Reden Sie mit der Lehrperson darüber, sollte es öfter zu spät kommen.

3. Im Kontakt mit der Schule

Eltern mischen sich ein

Früher genoss der Dorflehrer hohes Ansehen und war für jedermann eine Autoritätsperson, genau wie der Pfarrer und der Gemeindepräsident. Was in den Schulstuben vor sich ging, interessierte die Eltern nicht sonderlich – Hauptsache, die Kinder lernten etwas. Und was den Kindern auf welche Weise beizubringen war, wusste niemand so gut wie der Lehrer: «Der Lehrer wird schon Recht haben.» Man widersprach nicht; wenn ein Schüler geschlagen wurde, war die Haltung seiner Eltern meistens, dass er es wohl verdient habe.

Diese Ansichten haben sich geändert. Was Lehrer und Lehrerinnen tun, wird zunehmend hinterfragt. Und was die Kinder lernen sollen, wird nicht mehr einfach der Schule oder der Politik überlassen. Eltern wollen mitreden und mitbestimmen. Umgekehrt empfinden es allerdings viele Eltern als Einmischung, wenn ein Lehrer oder eine Lehrerin die elterliche Erziehung thematisiert.

Schlüsselfaktor Lehrer

Im Brennpunkt der Kritik

Vorurteile gegen Lehrer und Lehrerinnen sind weit verbreitet: Sie seien den Anforderungen der heutigen Zeit nicht gewachsen, ewig am Jammern und würden viel zu viel Geld kassieren. Sie gelten vielerorts als arbeitsscheu und wegen der vielen Ferien als enorm bevorzugt. Demgegenüber stellen Umfragen einiger kantonaler Erziehungsdirektionen fest, dass jeder dritte Lehrer an emotionaler Erschöpfung leidet. Und aus einer Studie des Schweizerischen Lehrerverbandes ging hervor, dass ein Drittel den Beruf kein zweites Mal mehr wählen würde.

Von den Lehrpersonen wird tatsächlich immer mehr verlangt. Man darf von ihnen erwarten, dass sie das, was sie zu tun haben, korrekt, pflichtbewusst, durchdacht, sachlich, gerecht und effizient tun. Daneben gibt es weitere Anforderungen:

Anforderungen im Unterricht. Erfolgreich ist eine Lehrkraft dann, wenn es ihr gelingt, das Potenzial aller Kinder auszuschöpfen, sodass diese ihre bestmöglichen Leistungen erzielen. Ebenso sollen die Lehrpersonen das Sozialverhalten der Kinder im Auge behalten und positiv fördern. Doch die Zahl der Schülerinnen und Schüler mit unterschiedlichen Bedürfnissen nimmt zu. Lehrerinnen und Lehrer müssen darauf mit individuellen Massnahmen reagieren. Sie müssen Spezialmassnahmen (Stützunterricht, Sonderschulung, Abklärungen) für einzelne Kinder einleiten oder bei den Behörden beantragen und diese unter Umständen begleiten.

Hohe Ansprüche

Anforderungen im Kontakt mit anderen. Weil mehrere Pädagogen für die schulischen Erfolge und Entwicklungsschritte eines Kindes verantwortlich sind, sind Absprachen zwischen Kollegen und Kolleginnen nötig. Elternkontakte wie Einzelgespräche und Elternabende sind wichtig für die Entwicklung der Kinder und müssen organisiert werden.

Gefragte Sozialkompetenz

Anforderung an das berufliche Können. Gesellschaftliche Veränderungen machen vor den Toren der Schule nicht Halt – im Gegenteil: Einige nehmen hier ihren Anfang. Die damit zusammenhängenden Ansprüche an die Lehrerschaft verlangen nach regelmässigen Weiterbildungen (Gesprächsführung mit Eltern, Frühenglisch, Umgang mit ADS-Kindern, Sensibilisierung für Hochbegabte etc.).

Weitere Anforderungen. Je nach Schulmodell (Schule mit oder ohne Schulleitung), Grösse des Schulhauses und Organisation der Schulgemeinde sind verschiedene Aufgaben wahrzunehmen. Die kantonalen Schulgesetze sind zu befolgen (Stundenpläne einhalten, Zeugnisse ausstellen, Prüfungen schreiben lassen, Noten geben etc.).

■ *Der Amerikaner Eigil Pedersen ging anfangs der 40er-Jahre im letzten Jahrhundert zur Schule. Das Schulhaus befand sich in einem unterprivilegierten Stadtteil, die meisten Schüler kamen aus sozialen Unterschichten. Als Erwachsener kam Pedersen als Lehrer an diese Schule zurück und wollte herausfinden, warum so viele Ehemalige keinen Schulabschluss schafften und im Leben scheiterten. Er und ein befreundeter Journalist begannen wissenschaftlich zu forschen. Ihnen fiel auf, dass Kinder, die es später im Leben zu etwas gebracht hatten, ausnahmslos von einer bestimmten Lehrerin geschult worden waren. Deren ehemalige Schüler, inzwischen längst erwachsen, erinnerten sich alle an den Namen der Lehrerin, und auch sie selbst konnte sich nach zwanzig Jahren an jeden einzelnen von ihnen erinnern. Was war ihr Geheimnis? Sie verlor niemals die Nerven und musste nie Strafen ansetzen, während Prügel und andere Züchtigungen bei ihren Kollegen zur Tagesordnung gehörten. Die Kontrolle über ihre Klasse bewahrte sie allein durch die Kraft ihrer Persönlichkeit, dank ihrer Engelsgeduld und «sehr viel Liebe und Zuneigung», wie sich ihre Ehemaligen erinnerten.* ■

Hohe Anforderungen

Die minimalen Anforderungen an eine Lehrperson sind Belastbarkeit, Charakterstärke und Reife. Sie soll tolerant, verständnisvoll und vorurteilsfrei sein, und sie soll niemanden bevorzugen. Körperstrafen sind verboten (siehe Seite 61) und Blossstellungen in jeder Form zu unterlassen. Das Verhalten der Lehrerin, des Lehrers muss einwandfrei und unparteiisch sein. Im Kontakt und in der Beziehung mit den Kindern steht Folgendes im Vordergrund:

Alle Kinder gleich behandeln

- Die Lehrerin achtet die Persönlichkeit der Kinder und vermeidet jede Form von Diskriminierung.
- Das Wohlergehen und die gezielte Förderung der Kinder hat immer erste Priorität.

- Die Lehrerin respektiert das Selbstbestimmungsrecht der Kinder und gesteht ihnen grösstmögliche Freiheit zu.
- Sie ist den Kindern gegenüber freundlich und wohlgesinnt.
- Sie geht davon aus, dass jedes Kind das gleiche Recht auf Förderung hat und behandelt deshalb alle gleich.

Früher standen Zucht und Ordnung im Vordergrund. Dieser autoritäre Erziehungsstil hat ausgedient. Stattdessen wird heute vermehrt aufs Miteinander, aufs Diskutieren und Aushandeln gesetzt. Und für das, was Lehrerinnen und Lehrer dürfen und was nicht, gibt es klare Regeln (siehe Kapitel «Was Lehrer dürfen – und was nicht», Seite 57).

Aushandeln statt diktieren

Können Lehrerinnen unterrichten, wie und was sie wollen?

Lehrkräfte sind an die Verfassung gebunden, an den Lehrplan und an die festgelegten Lehrziele. Wie sie den Stoff vermitteln, ist eine Frage der Methode, in der sie ausgebildet sind und in der sie sich fortlaufend weiterbilden müssen. Welche Lehrmittel sie verwenden, können sie in der Regel nicht frei entscheiden: Es ist grösstenteils vorgeschrieben, welche Bücher sie im Unterricht verwenden dürfen oder unter welchen sie wählen können. Die meisten Lehrmittel legen das Vorgehen nahe, also bleibt wenig Spielraum für gänzlich andere Methoden.

Lehrmittel nicht frei wählbar

Trotz allen Fachwissens ist das wichtigste Arbeitsinstrument die Persönlichkeit und die Ausstrahlung jeder einzelnen Lehrerin und jedes einzelnen Lehrers.

Mitwirkung der Eltern an Schulen

Es besteht seit einiger Zeit die Tendenz, Eltern vermehrt in die Schule einzubeziehen. Einige Kantone haben dies auch so im Schulgesetz verankert. Doch Elternräte und

Elternvereine vertreten nicht alle Eltern; sie sind im Gegensatz zu Schulkommissionen keine demokratisch abgestützten Organe. Elternräte können sich nicht auf eine verfassungsmässig garantierte Mitsprache oder Mitbestimmung berufen, deshalb spricht man besser von einer Mitwirkung der Eltern an der Schule.

Diese ist in folgenden Bereichen denkbar: Eltern können an Schulhauskonferenzen teilnehmen, sich in die Aufsichtsbehörden wählen lassen, bei Vernehmlassungen miteinbezogen werden und vor Entscheidungen angehört werden. Elternräte können auch bei Projekttagen, Pausenkiosken, Mittagstischen oder in der Schulwegsicherung aktiv werden. In pädagogischen Belangen besteht allerdings kein Mitwirkungsrecht.

Beschränkter Einfluss

Schülerinnen und Schüler reden mit

Lehrer, Eltern, Behörden und Politiker haben an den Schulen das Sagen – und reden oftmals an den Schülerinnen und Schülern vorbei. Deshalb ist es sinnvoll, die Kinder miteinzubeziehen. An einigen Schulen gibt es einen sogenannten Schülerrat: Jede Klasse wählt Delegierte, die an wichtigen Sitzungen dabei sind. Diese stellen Anträge, werden angehört, können mitreden und in gewissen Belangen sogar mitbestimmen. Der Einbezug der Kinder ist nicht nur sinnvoll, weil sie so Verantwortung zu übernehmen lernen, sondern auch weil sie dadurch eines der wichtigsten Systeme unseres Landes in der Praxis kennen lernen: die Demokratie.

Aktive Schülerräte

Eltern und Lehrpersonen im Austausch

Der Gesetzgeber verpflichtet die Lehrerschaft, Kontakte mit den Eltern zu pflegen; die Häufigkeit ist nicht vorgegeben. Auch die Eltern werden aufgefordert, den Kontakt mit der Schule zu pflegen, also beispielsweise die Teilnahme an einem Elternabend nicht zu verweigern. Das Schweizerische Zivilgesetzbuch schreibt im Artikel 302 im ersten Absatz: «Die Eltern haben das Kind ihren Verhältnissen entsprechend zu erziehen und seine körperliche, geistige und sittliche Entfaltung zu fördern und zu schützen (…)» Was die Zusammenarbeit der Eltern mit der Schule anbelangt, wird das Gesetz im dritten Absatz konkreter: «Zu diesem Zweck sollen sie in geeigneter Weise mit der Schule und, wo es die Umstände erfordern, mit der öffentlichen und gemeinnützigen Jugendhilfe zusammenarbeiten.» Von Mitsprache oder Mitbestimmung spricht weder das Zivilgesetzbuch noch die Bundesverfassung.

Gesetz verlangt Zusammenarbeit

Wünschenswert ist, dass Eltern und Schule «am gleichen Strick ziehen» – aber ohne dass sich das Kind (um das es letztlich geht) vor lauter Ziehen am Gängelband fühlt. Bevor «gezogen» wird, muss man sich auch immer fragen, ob es sich um den richtigen «Strick» handelt bzw. ob der eingeschlagene Weg der richtige ist. Oft ist es sinnvoll, das Kind an Gesprächen zwischen Eltern und Lehrpersonen teilnehmen zu lassen.

Elterngespräche oder Lehrergespräche?

Den Austausch zwischen Lehrpersonen und Eltern nennt man meistens Elterngespräch. Genauso gut könnte man ihn aber auch Lehrergespräch nennen. Wenn wir hier von Eltern-Lehrer-Gespräch reden, dann deshalb, weil von diesen Gesprächen beide, aber insbesondere die Kinder, profitieren sollen.

Die Bedeutung von Tür-und-Angel-Gesprächen ist nicht zu unterschätzen. Bei kleinen Abc-Schützen, die in die Schule begleitet werden, kommen sie recht häufig vor. Hier, bei diesen oft unwichtig erscheinenden kurzen Gesprächen, kann sich mit der Zeit ein gutes Vertrauensverhältnis zwischen Lehrperson und Mutter oder Vater bilden. Solche Kontakte ersetzen in der Regel aber nicht die Gespräche, die geplant sind und meistens eine Art Traktandenliste beinhalten.

Wertvolle informelle Kontakte

Wie weiter?

Wenn der Lehrer oder die Lehrerin die Eltern um ein Gespräch bittet, so geht es meist um Leistungsfragen oder disziplinarische Schwierigkeiten. Eine heikle Situation: Wenn das Gesprächsthema das «Schulversagen» des Kindes ist, so fühlen sich viele Eltern vielleicht selbst als Versager. Denken Sie daran: Es darf beim Gespräch nicht darum gehen, einen Schuldigen zu finden. Es sollen konstruktive Lösungen gefunden und allenfalls Ursachen besprochen werden. Die «Schuldfrage» klären zu wollen führt nie zu einem erfreulichen Ziel.

Störungen beseitigen

Verlangen die Eltern ein Gespräch, so stehen meist ebenfalls Leistungsfragen (insbesondere Leistungsschwierigkeiten) im Vordergrund, oft aber auch Beschwerden über die Lehrperson. Solche Angelegenheiten müssen geklärt werden, denn die Zusammenarbeit zwischen Lehrperson und Eltern hat auf die Entwicklung der Kinder grossen Einfluss. Daneben gibt es aber noch weitere Gründe, warum Elterngespräche von grosser Bedeutung sind.

Neben den Elterngesprächen, die individuell zwischen Eltern und Lehrperson vereinbart werden, gibt es auch ordentliche oder obligatorische Elterngespräche. Diese heissen teilweise anders, beispielsweise Beurteilungsgespräch oder Standortgespräch. Solche Gespräche werden mancherorts in den ersten Primarstufen anstelle von Zeugnissen oder zusätzlich dazu durchgeführt und/oder vor dem Übertritt in die nächste Schulstufe.

Warum ist der Austausch wichtig?

Die Sozialisation (siehe Kasten Seite 36) findet unter dem Einfluss der verschiedensten Systeme statt, allen voran Familie und Schule. Tauschen Lehrkräfte und Eltern ihre Vorstellungen, Ziele und Erwartungen nicht aus, so stehen die Kinder oftmals in einem orientierungslosen Vakuum. Wenn beispielsweise die Lehrerin oder der Lehrer Selbständigkeit und Eigenverantwortung stark fördert, den Eltern jedoch Respekt und Gehorsam wichtiger sind, so können sich diese beiden Erziehungsstile im besten Fall gut ergänzen, im schlimmsten Fall jedoch konkurrieren. Deshalb ist ein Austausch wichtig. Entscheidend ist nicht, dass sich Eltern und Lehrpersonen einigen, sondern dass sie im Gespräch miteinander sind. Ansonsten ist das Kind auf sich allein gestellt und weiss nicht, wie es im Konfliktfall mit den Widersprüchen umgehen soll.

Differenzen ansprechen

Unterschiedliche Erziehungsstile, Erwartungen und Befürchtungen sollen von Anfang an thematisiert werden. Ohne Austausch wird die Schule zu einer Insel.

Leider sieht es in der Praxis oft anders aus: Fragen und Anliegen werden erst thematisiert, wenn das Kind Schwierigkeiten hat. Leicht kommt es dann zu einer gegenseitigen Schuldzuweisung und damit zu einer Pattsituation: Eltern fühlen sich missverstanden, weil sie das Gefühl haben, die Lehrer wollten nicht nur die Kinder, sondern auch sie als Eltern erziehen. Und die Lehrpersonen bemängeln, dass die Eltern immer alles besser wissen wollen.

Wo sollen die Gespräche stattfinden?

Achten Sie darauf, dass die Gespräche an einem Ort stattfinden, an dem es Ihnen wohl ist. Dies dürfte im Lehrerzimmer kaum der Fall sein; auch ist dort ein ungestörtes Gespräch eher unwahrscheinlich. Es ist auch nicht angebracht, wenn Sie im Schulzimmer in der Schulbank sitzen und der Lehrer hinter seinem Pult steht.

 Wenn der Lehrer oder die Lehrerin nicht von sich aus einen angemessenen Ort vorschlägt, so dürfen Sie das tun. Es ist auch denkbar, dass ein Gespräch bei Ihnen daheim stattfindet – doch haben Sie Verständnis dafür, wenn dies nicht allzu oft möglich ist.

So gelingen Eltern-Lehrer-Gespräche

Oft wird in Gesprächen der Fokus nur auf Schwierigkeiten gerichtet – ein Grundproblem der menschlichen Kommunikation. Wenn die Lehrerin beispielsweise mit den Leistungen des Kindes grundsätzlich zufrieden ist und nur wenig zu beanstanden hat, so dreht sich das Gespräch in der Regel um diesen einen Aspekt. Was man tun kann, damit das Positive erhalten bleibt oder unter Umständen sogar noch verstärkt zum Tragen kommt, wird gern ausser Acht gelassen.

Positives verstärken

Wenn Eltern die Schule grundsätzlich loben, gleichzeitig aber auch eine Kritik anbringen, so kann es vorkommen, dass der Lehrer oder die Lehrerin nur kurz (oder gar nicht) auf das Lob eingeht, ansonsten aber in eine Verteidigungsrolle gerät. So passiert es, dass man auf negative Aussagen überempfindlich reagiert und positive Aspekte leicht übergeht (oder gar nicht erst zur Sprache bringt).

 Erstellen Sie vor dem Gespräch eine Traktandenliste und setzen Sie die kritischen Punkte zuoberst hin. Sonst besteht die Gefahr, dass man zu lange um den heissen Brei herum säuselt und dann plötzlich eine Bombe platzen lässt.

Tipps für eine gute Kommunikation

«Mit diesem Lehrer kann man nicht reden», antworten Eltern gelegentlich, wenn sie vom Beobachter-Beratungszentrum gefragt werden, ob sie in einem bestimmten Konflikt das Gespräch gesucht haben. Ob der Lehrer nun sympathisch ist oder nicht – mit der richtigen Vorbereitung kann man den eigenen Standpunkt selbst gegenüber Leuten vertreten, die scheinbar nicht mit sich reden lassen. Rufen Sie sich einige Gesprächsregeln in Erinnerung:

Gesprächskultur pflegen

- Sprechen Sie Eigenschaften oder Aktionen des Lehrers an, die Sie hilfreich, nützlich oder angenehm fin-

den. Damit legen Sie einen guten Grundstein für das ganze Gespräch.
- Beachten Sie, was Sie empfinden und was Ihnen durch den Kopf geht. Wenn Sie traurig sind, reagiert Ihr Gegenüber anders, als wenn Sie glücklich sind. Ihre Gefühle beeinflussen, was Sie sagen und was Sie tun. Emotionen steuern auch, wie Sie das, was Sie hören, interpretieren.
- Statt «man sollte» oder «jeder sollte» ist es besser, wenn Sie von sich sprechen. Versuchen Sie, solche Verallgemeinerungen zu umgehen, indem Sie sagen «ich möchte», «ich wünsche» etc.
- Weisen Sie Aussagen des Lehrers über Ihr Kind nicht unbesehen von sich: «Ich kann mir einfach nicht vorstellen, dass mein Sohn dies getan hat!»
- Es ist sinnvoll, wenn Sie ungute Gefühle zur Sprache bringen. Wenn Sie sie herunterschlucken, besteht die Gefahr, dass beim nächsten geringen Anlass alle Emotionen ungewollt heftig zum Ausdruck kommen.
- Selbst wenn es massive Probleme gibt: Sie sind nicht angeschuldigt und brauchen sich nicht zu verteidigen.
- Vorwurfsvolles Misstrauen ist keine Basis für ein klärendes Gespräch. Sätze wie «Haben Sie denn alles versucht?» werden besser in «Was könnte man zur Problemlösung denn sonst noch tun?» übersetzt.
- Wenn Sie mit Entscheidungen nicht einverstanden sind, sollten Sie Drohungen wie «Ich werde zum Beobachter gehen» oder «Das wird Ihnen irgendwann noch Leid tun» vermeiden. Nicht zuletzt deshalb, weil nötigende Bemerkungen strafrechtliche Konsequenzen haben können. Fragen Sie stattdessen nach, was den Lehrer oder die Lehrerin bewogen hat, sich so und nicht anders zu entscheiden.
- Unterstellen Sie keine Absichten, die vielleicht gar nicht vorhanden sind. Vermeiden Sie Sätze wie «Das machen Sie sicher nur, um…» oder «Sie wollen nur nicht, dass…».

Klare Wünsche

Drohungen sind tabu

- Denken Sie über Vorschläge nach, bevor Sie Ja oder Nein dazu sagen. Sie dürfen jederzeit um Bedenkzeit bitten, wenn Sie etwas zuerst in Ruhe überlegen möchten.

 Eltern können von der Lehrperson erwarten, dass sie Diskriminierungen jeglicher Art vermeidet, insbesondere solche aufgrund von Alter, Geschlecht, Religion, Krankheit, politischer Einstellung, sexueller Orientierung, Herkunft oder Hautfarbe. Der Lehrer oder die Lehrerin muss die Eltern ausserdem umfassend über deren Rechte und Pflichten informieren.

Infoanlass Elternabend

Eins gleich vorneweg: Die Teilnahme an Elternabenden ist Pflicht. Zwar kann der Besuch nicht für obligatorisch erklärt werden, denn Interesse, Unterstützung und Engagement lassen sich nicht gesetzlich verordnen. Doch wenn die Eltern die Schule nicht mittragen, kommt es zu schwierigen Situationen für Lehrpersonen, Eltern und Schüler. Besonders trifft es die Kinder, die selber Brücken zwischen Schule und Elternhaus schlagen müssen. Diese Brücken sollten aber von Eltern und Lehrern gebaut werden. Deshalb ist die Teilnahme an Elternabenden eine pädagogische und erzieherische Pflicht – und wohl von allen Erziehungsaufgaben eine der leichteren.

Schwänzen nicht erlaubt

Der Elternabend in der ersten Klasse ist von besonderer Bedeutung, weil Sie die Lehrpersonen Ihres Kindes kennen lernen – das schafft Vertrauen und die Grundlage für Ihre Zusammenarbeit mit der Schule. Sie erfahren, was die Lernziele der ersten Klasse sind, wie die Lehrerin es mit den Hausaufgaben hält und, falls sich mehrere Lehrerinnen den Job teilen, wie dieses Jobsharing organisiert ist. Am Elternabend können Sie die Fragen stellen, die seit dem Schuleintritt Ihres Kindes aufgetaucht sind. Und nicht zuletzt werden Sie erkennen kön-

Infos geben, Vertrauen schaffen

nen, wie die Haltung der Lehrpersonen den Schulkindern und damit Ihrem Kind gegenüber ist – autoritär, liebevoll, defensiv, geduldig, distanziert?

In der Regel sind am ersten Elternabend auch Nebenlehrerinnen wie Handarbeitslehrerin, Musiklehrerin, Schwimmlehrerin etc. anwesend, um Sie kennen zu lernen. Den so geschaffenen Kontakt können Sie bei Besuchstagen oder -wochen intensivieren. Und natürlich machen Sie am Elternabend auch die Bekanntschaft anderer Eltern.

Schulbesuche, Besuchstage

Eltern sollen sich jederzeit informieren können, wie es ihren Kindern geht, welche Fortschritte sie machen und wie sie sich in der Schule verhalten. Deshalb dürfen sie den Unterricht an einem beliebigen Tag besuchen. In neueren Schulgesetzen wird diese Möglichkeit sogar ausdrücklich garantiert. Die Lehrerin, der Lehrer kann eine Voranmeldung verlangen.

Eindrücke aus der Schulstube

Es versteht sich von selbst, dass solche Schulbesuche keine «Kontrollbesuche» sein sollen und nicht über einen unbegrenzten Zeitraum dauern können.

Die meisten Erstklässler freuen sich, wenn die Mutter oder der Vater im Schulzimmer erscheint. Fragen Sie Ihr Kind, wie es dazu steht, und erklären Sie ihm bei Bedarf, wieso Sie eine oder mehrere Stunden besuchen wollen.

Nebst individuellen Schulbesuchen kennen fast alle Schulen sogenannte Besuchstage oder Elternmorgen, an denen alle Eltern zum Unterricht eingeladen sind.

Was Lehrer dürfen und was nicht

In der Umgangssprache werden Sanktionen, welche die Schule gegenüber den Schülerinnen und Schülern ergreift, als Strafe bezeichnet. Solche Sanktionen sind aber keine Strafen im Sinne des Strafrechts; diese kann nur ein Gericht aussprechen. «Strafen» an Schulen sind sogenannte Disziplinarmassnahmen und dienen der Sicherung des Schulzwecks.

Disziplinarmassnahmen dürfen sich im Allgemeinen nicht auf das Verhalten der Kinder ausserhalb der Schule erstrecken. Nur in sehr seltenen Fällen wird die Schulbehörde durch ein kantonales Gesetz beauftragt, auch Strafen für strafrechtlich relevantes Fehlverhalten im Sinne des Strafgesetzbuches ausserhalb der Schule auszusprechen oder gar zu vollziehen.

Wer nicht hören will ...

Von den Disziplinarmassnahmen sind die sogenannten Erziehungsmassnahmen zu unterscheiden. Diese wirken erzieherisch und haben nicht den Charakter einer Strafe. Deshalb ist es dabei unerheblich, ob das Schulkind ein Verschulden trifft; der Schülerin oder dem Schüler muss nicht bewusst gewesen sein, dass ihr respektive sein Verhalten «falsch» war. Erziehungsmassnahmen brauchen nicht in einem Gesetz vorgesehen zu sein.

■ *Claudia klebt einen Kaugummi unter das Schulpult. Der Lehrer weist sie zurecht und fordert sie auf, den Kaugummi wieder zu entfernen. Eine solche Massnahme hat keinen Strafcharakter; es handelt sich klar um eine Erziehungsmassnahme.* ■

Eine eindeutige und klare Trennung von Disziplinar- und Erziehungsmassnahmen ist im Alltag oft schwierig. Disziplinarmassnahmen können von Strafaufgaben bis zum Schulausschluss reichen. Doch nicht alles ist erlaubt.

Strafaufgaben

Strafaufgaben – zum Beispiel das Abschreiben eines Gedichts, das Lösen von Rechenaufgaben als zusätzliche Hausaufgaben – sind erlaubt, wenn das kantonale Schulgesetz oder die Schulordnung sie vorsieht.

Draussen vor der Tür

Der Lehrer oder die Lehrerin darf ein Schulkind während des Unterrichts «vor die Türe stellen», wenn eine gesetzliche Grundlage dafür besteht. Diese Massnahme ist allerdings fragwürdig, da die Lehrperson den betroffenen Schüler oder die Schülerin nicht mehr beaufsichtigen kann und damit ihre Obhutpflicht verletzt.

Heikle Massnahme

Ein Kind vorzeitig nach Hause zu schicken ist nicht erlaubt. Die Eltern müssen sich darauf verlassen können, dass sich ihr Sprössling in der im Stundenplan vorgesehenen Zeit in der Obhut der Schule befindet. Wird ein Kind trotzdem ohne die Einwilligung der Eltern vorzeitig nach Hause geschickt, bleibt die Verantwortung der Schule für die Aufsicht bestehen.

■ *Der siebenjährige Tobias wird von der Lehrerin nach Hause geschickt, da er den Unterricht wiederholt durch Zwischenrufe gestört hat. Auf dem Heimweg wird er beim Überqueren einer stark befahrenen Strasse von einem Auto angefahren und erleidet eine Hirnerschütterung. Da die Verantwortung für die Aufsicht immer noch bei der Lehrerin ist, haftet sie für den entstandenen Schaden.* ■

Nachsitzen, am freien Nachmittag in die Schule

Ein Kind nachsitzen zu lassen oder es an einem schulfreien Nachmittag in die Schule zu beordern, stellt einen Eingriff in das elterliche Erziehungsrecht dar. Eine Lehrperson darf deshalb eine solche Massnahme nur anordnen, wenn das Schulgesetz oder die Schulordnung dies zulässt und die Eltern im Voraus informiert wurden. Weiter darf durch diese Massnahme eine im Schulgesetz festgelegte Höchststundenzahl nicht überschritten werden. Die Lehrperson muss dafür sorgen, dass das Kind während dieser Zeit beaufsichtigt wird und dass es sich sinnvoll beschäftigt.

Eltern müssen informiert werden

Fehlverhalten, Strafen, Wiedergutmachung

Abweichendes Verhalten ist zunächst einmal das, was andere als abweichend definieren: Es kann das Auslachen eines anderen sein, freche Antworten, Nichterfüllung von Anforderungen, Sachbeschädigung etc. In diesen Fällen ist es ratsam, sich mit dem Schüler zusammenzusetzen, um herauszufinden, ob er den Fehler in seiner Handlung erkennt.

In anderen Situationen (Gewaltanwendung, Mobbing, Diebstahl, Drogenhandel, Stören des Unterrichts etc.) spielt es dagegen keine Rolle, ob die Kids einsichtig sind oder nicht: Hier braucht es klare Grenzen. Die Kinder müssen erkennen, dass ihr Verhalten nicht toleriert wird und nicht zum Ziel führen kann. Ebenso muss klar sein, dass durch falsches Verhalten erreichte Vorteile missbilligt werden. Der Zweck heiligt die Mittel nicht.

Eine Strafe darf Kinder nicht vom Nachdenken über ihre Grenzüberschreitung entbinden. Deshalb sind Standardstrafen, wie beispielsweise Toiletten putzen, sinnlos. Sinnvoll sind Strafen, wenn über die Missetat oder das Fehlverhalten eine Reflexion stattfindet, wenn man aus der Strafe etwas lernt und wenn eine Wiedergutmachung möglich ist.

Strafen und Wiedergutmachungen können, müssen aber nicht dasselbe sein: Das Kind, das ein anderes in irgendeiner Form verunglimpft, muss nicht unbedingt mit einer Sanktion bestraft werden. Es genügt, wenn es einsichtig ist, sich entschuldigt und dem anderen etwas zuliebe tut, denn genau so wie es dem anderen Schaden zufügt und sich somit von seiner schlechten Seite zeigt, kann es sich auch von seiner guten Seite zeigen. Ein Schüler, der sein Pult verkratzt, soll zunächst dafür sorgen, dass der Schaden behoben wird. Dies ist die Wiedergutmachung. Die Strafe ist, dass er dies am freien Nachmittag erledigen muss.

Wichtig: Mit der Strafe oder der Wiedergutmachung soll die Angelegenheit erledigt sein.

Gegenstände konfiszieren

Wird der Unterricht gestört, darf die Lehrerin Kindern einzelne Gegenstände während der Unterrichtszeit wegnehmen. Nach der Stunde erhält das Kind die Sache zurück; die Lehrerin ist für eine sorgfältige Aufbewahrung verantwortlich.

■ *Julia spielt in der Schule andauernd mit ihrer neuen Armbanduhr. Immer wieder sind Piepstöne zu hören, was den Unterricht sehr stört. Der Lehrer nimmt ihr die Uhr weg und verstaut sie in einer Pultschublade. Nach der Stunde gibt er sie Julia zurück. Dieses Vorgehen ist korrekt.* ■

Tabu: Körperstrafen

Körperliche Züchtigungen und Körperstrafen sind absolut nicht erlaubt. Das geht aus der Bundesverfassung hervor, die jedem Menschen das Recht auf körperliche Unversehrtheit garantiert. Das Verbot erstreckt sich auch auf einzelne körperliche Züchtigungen, wie beispielsweise Ohrfeigen. Auch wenn das kantonale Schulgesetz Körperstrafen nicht ausdrücklich verbietet, so sind sie dennoch verfassungswidrig.

Verfassungswidrige Ohrfeige

Greift eine Lehrerin oder ein Lehrer zu einer solchen Massnahme, so können die Eltern Anzeige erstatten – je nach Schweregrad wegen Tätlichkeiten oder sogar Körperverletzung. Die zuständige Behörde (zum Beispiel die Aufsichtsbehörde, der Inspektor oder das Erziehungsdepartement) ist verpflichtet, Disziplinarmassnahmen gegen die Lehrperson zu prüfen, sobald sie von einem solchen Vorfall erfährt.

Kollektivmassnahmen

Disziplinarmassnahmen haben Strafcharakter und dürfen nur verhängt werden, wenn das Schulkind ein Verschulden trifft. Das heisst, dass das Kind vorsätzlich oder fahrlässig gegen eine Ordnung verstossen haben muss. Werden Kollektivmassnahmen angeordnet, treffen sie meist auch unbeteiligte Schülerinnen und Schüler und sind damit bundesrechtswidrig. Sie sind nur zulässig, wenn klar die ganze Gruppe am Unfug beteiligt war. Dies bedeutet jedoch nicht, dass alle wirklich mitgemacht haben müssen; es genügt auch, wenn alle ihn gutgeheissen haben.

■ *Der Lehrer kommt nach der grossen Pause ins Schulzimmer und möchte etwas an die Wandtafel schreiben. Dabei stellt er fest, dass alle Kreiden zu kleinsten Stücken zerbrochen worden sind. Im Zorn verknurrt er die ganze Klasse, zur Strafe zu Hause einen kleinen Aufsatz zu schreiben. Das ist nicht korrekt; da der Lehrer nicht* weiss, ob alle Schüler am Streich beteiligt waren, darf er keine Kollektivmassnahme aussprechen. ■

Freizone Pausenplatz

Kinder unter Aufsicht

Auch der Pausenplatz und die Pausenzeit gehören zum Bereich der Schule. Da die Schule während der Schulzeit für die Kinder verantwortlich ist, kann sie festlegen, dass die Kinder die Pause auf dem Pausenplatz zu verbringen haben und diesen nicht verlassen dürfen. Ebenso darf die Schule, im Rahmen der rechtlichen Grenzen, in der Schulhaus- oder der Schulordnung Regeln aufstellen, die in der Pause und auf dem Pausenplatz gelten.

Die Schule trägt die Verantwortung für die Kinder auch während der Pausenzeiten. Deshalb müssen Schülerinnen und Schüler in den Pausen beaufsichtigt werden. In den meisten Schulen übernehmen die Lehrpersonen abwechslungsweise die Pausenaufsicht.

Hausaufgaben, Noten, Zeugnisse

Über die Hausaufgaben zieht der schulische Alltag auch für die Eltern daheim ein. Der Stoff, der im Unterricht behandelt worden ist, wird zu Hause vertieft, ergänzt oder weiter aufbereitet. Wie das geschieht, hängt meist mit der Einstellung der Eltern zusammen: Werden Aufgaben als Bindeglied zwischen Schule und Elternhaus aufgefasst oder als Hausfriedensbruch? Und wessen Aufgaben sind es eigentlich? Die der Eltern oder die der Kinder?

Das Einmaleins für Eltern

Aufgaben erfordern Konzentration, Sorgfalt, Eigenverantwortlichkeit und Ausdauer. Erstklässler erleben zum ersten Mal, dass Erwartungen und Anforderungen von aussen an sie gestellt werden. Die meisten kleinen Abc-Schützen erledigen die aufgetragenen Arbeiten mit Stolz, weil sie jetzt wie die Grossen rechnen und schreiben dürfen. Meist geht es zu Anfang darum, dem Lehrer oder der Lehrerin eine Freude zu bereiten oder Komplimente zu erhalten. Mit der Zeit realisieren Kinder, dass sie die Hausaufgaben nicht für andere machen, sondern in erster Linie für sich selbst.

Mit zunehmendem Alter erwarten Eltern wie Lehrer, dass Pflichten pünktlich erfüllt werden, die Freizeit in Eigenregie eingeteilt wird und ein Arbeitsrhythmus gefunden wird. Die Kinder sollen den gelernten Stoff selbständig repetieren und vertiefen – und sie sollen abschätzen können, wie viel Zeit sie hierfür benötigen. Dazu braucht es nebst Motivation und Ausdauer die Fähigkeit, sich selber kontrollieren zu können.

Selbständig arbeiten lernen

Müssen, sollen, dürfen Eltern helfen?

Die Hilfe der Eltern sollte nur in Ausnahmefällen nötig sein. Kommt das Kind in der Schule mit, so sollte es in der Lage sein, seine Hausaufgaben selbständig zu erledigen. Helfen Sie erst, wenn Ihre Tochter, Ihr Sohn Sie darum bittet. Erforderlich ist Ihr Einsatz auch, wenn Ihr Kind Ihnen etwas vorlesen muss, ein Gedicht oder ein Diktat übt.

Sind die Hausaufgaben als Lernkontrolle gedacht, sollten Eltern falsche Resultate nicht korrigieren und die Aufgaben schon gar nicht für das Kind lösen. Sonst kann die Lehrperson nicht beurteilen, wo ein Kind Lücken hat, die es zu schliessen gilt.

Zurückhaltung ist angesagt

Sollen Aufgaben allerdings dazu dienen, das in der Schule Gelernte zu vertiefen und zu festigen, kann die Unterstützung und Kontrolle durch die Eltern erwünscht sein.

Auch Eltern wissen nicht alles. Stehen Sie dazu, wenn Sie Ihrem Kind eine Antwort schuldig bleiben müssen. Zeigen Sie ihm gegebenenfalls, wie Sie sich eine Information beschaffen. Fordern Sie Ihr Kind auf, sich bei der Lehrerin oder einem Gspänli zu erkundigen, wenn ihm etwas nicht klar ist.

Besprechen Sie mit der Lehrperson deren Vorstellung im Bezug auf die Hausaufgaben oder fragen Sie am ersten Elternabend danach. Wie setzt die Lehrerin Aufgaben ein, welchen Zweck erfüllen sie in ihren Augen? Passt sie die Aufgaben den Fähigkeiten, der Lerngeschwindigkeit der Schüler an? Gibt sie freiwillige Zusatzaufgaben?

Wenn Eltern im Bezug auf die Hausaufgaben in eine Polizisten- oder Hilfslehrerfunktion geraten, läuft etwas schief. Ob und wie die Kinder ihre Aufgaben erledigen, ist in erster Linie deren Angelegenheit – und die der Schule. Wenn die Lehrerin Tintenflecken, Durchstreichungen und Schmierereien auf dem Aufgabenblatt akzeptiert, stehen Eltern auf verlorenem Posten, wenn sie predigen, dass «dieses Gesudel» inakzeptabel sei.

Diese Lerntechniken können auch Erstklässler anwenden

Je länger Ihr Kind in die Schule geht, desto wichtiger werden Lerntechniken. Diese Tricks helfen schon ABC-Schützen:

- Grössere Aufgaben in kleine Portionen aufteilen, eine nach der andern lernen.
- Zuerst mit einfachen Aufgaben anfangen, so stellt sich schnell ein Erfolg ein, und die schwierigeren Aufgaben lassen sich umso motivierter anpacken.

Stolpersteine und Fallen

Ärger und Probleme mit den Hausaufgaben können entstehen, weil
- diese nicht gemacht, verschwiegen oder vergessen werden,
- nicht klar ist, was erledigt werden muss,
- getrödelt wird und/oder weil sie zu viel Zeit beanspruchen,
- das Kind unter- oder überfordert ist,
- immer jemand daneben sitzen muss,

- sie schlampig und unordentlich gemacht werden,
- sie oft in Streit enden.

Patentrezepte gibt es nicht, wohl aber verschiedene Möglichkeiten, wie die Schwierigkeiten in den Griff zu kriegen sind.

Erinnern Sie sich zunächst an Ihre eigene Schulzeit. Eltern, die in der Schule und bei den Hausaufgaben keine Probleme hatten, erwarten dies oft auch von ihren Kindern. Weil für sie gute Leistungen selbstverständlich sind, kommt es ihnen nicht in den Sinn, den Kindern Lob und Anerkennung zu geben. Gerade dies wäre aber wichtig. Probleme mit den Hausaufgaben werden stattdessen übersehen oder unterschätzt. Reagiert wird erst, wenn die Schwierigkeiten eskalieren. Es kann dann sehr schnell passieren, dass die Eltern in Aufregung geraten und dem Kind Vorwürfe machen.

Anerkennung wirkt Wunder

Wenn Eltern dagegen schlechte Schulerfahrungen gemacht haben und die Hausaufgaben in der eigenen Kindheit vor allem Stress bedeuteten, neigen sie schnell dazu, diese Erfahrungen auf die Kinder zu übertragen. Zu schnell sehen sie dann bei den Kindern Überforderung und wollen ihnen jeden Misserfolg ersparen – der Frust soll sich ja nicht wiederholen! Die eigene Nervosität und Unsicherheit überträgt sich so leicht auf das Kind. Auch bei ihm entsteht dann die Haltung, dass Hausaufgaben lästig und nur mit grösster Anstrengung zu be-

Die Motivation stärken

Auf der Suche nach Aufmerksamkeit?

Viele Eltern beklagen sich, dass die Kinder ihre Hausaufgaben nur dann erledigen, wenn sie ständig neben ihnen sitzen. Fragen Sie sich in diesem Fall ehrlich, ob Ihr Kind Sie an sich binden will, um sich so die Aufmerksamkeit zu sichern, die im Alltag fehlt. Falls ja, suchen Sie Möglichkeiten, Ihrem Kind die gesuchte Zuwendung auf andere Weise zu geben. Es soll die Gewissheit haben, dass es nicht links liegengelassen wird, wenn es nicht auf Hilfe bei den Hausaufgaben angewiesen ist. Dann löst sich das Problem mit grosser Wahrscheinlichkeit von selbst.

wältigen seien. Im Weiteren besteht die Gefahr, dass Eltern dem Kind zu fest helfen wollen und es dann glaubt, nicht selbst für die Aufgaben verantwortlich zu sein. So entsteht Verunsicherung und Mutlosigkeit statt Motivation und Selbstvertrauen.

Wie und wo Hausaufgaben machen?

Eltern können ihr Kind unterstützen, damit es die Hausaufgaben möglichst stressfrei erledigen kann. Dafür braucht es Lernstrategien, denn Lernen will gelernt sein! Zu Beginn der Hausaufgaben und immer dann, wenn Schwierigkeiten auftauchen, sind folgende Überlegungen Erfolg versprechend:

Den Ablauf ritualisieren

- Was muss ich tun?
- Womit will ich anfangen?
- Womit will ich aufhören?
- Was benötige ich?
- Welche Störfaktoren müssen beseitigt werden?
- Was mache ich, wenn ich nicht mehr weiter weiss?

Wie, wo und wann die Hausaufgaben erledigt werden müssen, soll nicht erst (und immer wieder aufs Neue) besprochen werden, wenn das Kind bereits daran sitzt oder demnächst damit anfangen will. Zu gross ist die Gefahr, dass alle Energie in die Beantwortung dieser Fragen fliesst und für die Aufgaben selbst keine Kraft mehr bleibt. Sinnvoller ist es, die Rahmenbedingungen für die Hausaufgaben in Ruhe, beispielsweise beim Essen, mit den Kindern zu besprechen und festzulegen.

Ist Ihnen an Ihrem eigenen Arbeitsplatz schon einmal aufgefallen, wie unterschiedlich Ihre Arbeitskollegen und Arbeitskolleginnen arbeiten? Die einen kommen nur voran, wenn das Pult tadellos aufgeräumt ist, die anderen arbeiten selbst im grössten Durcheinander effizient und speditiv. So ist es auch bei den Hausaufgaben: Jedes Kind muss mit Unterstützung der Eltern herausfinden, welche Umgebung ihm am besten entspricht.

Eigenheiten respektieren

Manchmal erfordert es Zeit und Geduld, um herauszufinden, was störend und was hilfreich ist, was ablenkt und was die Konzentration fördert.

Viele Kinder wollen beispielsweise Musik hören, während sie an den Hausaufgaben arbeiten. Tatsächlich gibt es auch Erwachsene, die behaupten, dass sie sich nur konzentrieren können, wenn im Hintergrund Musik laufe.

Machtkämpfe vermeiden

Am besten lassen Sie Ihren Sprössling ausprobieren, wie er mit Musik arbeitet. Die meisten Kinder stellen rasch fest, dass sie sich nur ablenken lassen und weniger schnell vorwärts kommen. Bestehen Sie hingegen auf absoluter Ruhe, wollen die Kinder nur das Gegenteil beweisen – und schon sind Sie in einen Machtkampf verwickelt.

Gute Rahmenbedingungen

Wer sich gut einrichtet, bewältigt Hausaufgaben besser:

- Der Arbeitsplatz sollte angenehm und gut beleuchtet sein. Wenn Ihr Kind kein eigenes Zimmer hat, braucht es einen Platz, an dem es ungestört arbeiten kann. Der Tisch sollte genug gross sein (wenn möglich mit genügend Stauraum), der Stuhl die richtige Grösse haben, die Beleuchtung für Rechtshänder von links, für Linkshänder von rechts kommen.
- Einige Kinder machen die Zimmertür am liebsten zu und wollen nicht gestört werden, andere fühlen sich bei geschlossener Türe abgeschoben und isoliert. Sie fühlen sich wohler, wenn sie vom Geräuschpegel der Familienmitglieder etwas mitbekommen.
- Immer wieder hört man, dass der Küchentisch nicht der richtige Ort für Hausaufgaben sei. Keine Regel ohne Ausnahme: Warum nicht, wenn dort ungestörtes Arbeiten möglich ist und sich das Kind wohl fühlt?
- Anders sieht es aus, wenn Kinder ihre Aufgaben am Boden liegend statt am Pult machen wollen. Hier lohnt sich eine Auseinandersetzung, weil man sich am Boden schnell verkrampft.

- Es empfiehlt sich, für die Hausaufgaben eine fixe Zeit zu vereinbaren. Versuchen Sie, den Zeitpunkt des täglichen Leistungshochs herauszufinden. So stellt sich ein fester Rhythmus ein. Schulaufgaben fallen leichter, wenn sie immer den gleichen rituellen Verlauf nehmen – wie das Zähneputzen vor dem Zubettgehen.

 Kinder mit Aufmerksamkeitsschwierigkeiten sind überfordert, wenn sie selber herausfinden sollen, was störend und was hilfreich ist. Sie sind darauf angewiesen, dass die Eltern Rahmenbedingungen schaffen, in denen möglichst wenig oder gar keine Ablenkung besteht.

Aufgabenhilfe

Aufgaben in der Schule erledigen

Mancherorts bieten Schulen einmal oder mehrmals wöchentlich begleitete Aufgabenhilfestunden an. Hier können die Kinder ihre Aufgaben unter fachlicher Anleitung machen, und die Eltern brauchen ihre Sprösslinge nicht dauernd zu ermahnen, dass sie ihre Schularbeiten erledigen sollten. Ein Nachteil des Angebots ist, dass die Kinder nicht lernen, eigenverantwortlich zu arbeiten und ihre Freizeit einzuteilen.

Wie viele Hausaufgaben dürfen sein?

Das Familienleben darf nicht auf der Strecke bleiben, weil eine Schülerin oder ein Schüler zu viele Aufgaben hat. Diese dürfen deshalb nicht das ganze Wochenende oder den ganzen Abend beanspruchen.

Es gibt auf Bundesebene kein Gesetz, das eine zeitliche Begrenzung für die Hausaufgaben vorsieht. Einige Kantone haben im kantonalen Schulrecht Richtlinien zur zulässigen zeitlichen Belastung der Schülerinnen und Schüler erlassen. Wo solche fehlen, gilt als Faustregel für die Belastung durch Hausaufgaben in Unter- und Mittelstufe, also für Kinder unter 13 Jahren: Pro Schuljahr zehn Minuten täglich, also in der ersten Klasse zehn Mi-

nuten, in der zweiten zwanzig etc. Für ältere Kinder gelten als Richtwert die Höchstarbeitszeiten des Arbeitsgesetzes und der dazugehörigen Verordnungen, falls der Kanton nicht eigene Richtlinien festgesetzt hat.
Braucht ein Kind regelmässig länger als die zulässige Zeit, empfiehlt sich ein Gespräch mit der Lehrerin oder dem Lehrer. So kann das Problem meist geklärt werden. Eventuell hat Ihr Kind Lernprobleme oder andere Schwierigkeiten, für die spezielle Lösungen gesucht werden sollten. Kontaktieren Sie die Lehrperson auch, wenn Sie das Gefühl haben, dass Ihr Kind zu wenig Hausaufgaben macht.

> **Wenig sinnvoll: Fertigmachaufgaben**
>
> Manchmal kommt es vor, dass langsam arbeitende Kinder Arbeiten, die sie in der Schule begonnen haben, zu Hause beenden müssen. Dies ist pädagogisch fragwürdig, denn es ist sehr entmutigend für das Kind und kann zu einem grossen Druck werden, immer das Schlusslicht zu sein – das ist demotivierend und kränkend. Ist Ihr Kind öfters davon betroffen, suchen Sie das Gespräch mit der Lehrerin, um ihm die Lust am Lernen nicht zu verderben.

Mein Kind vergisst ständig die «Ufzgi»

Hat Ihr Kind zum ersten Mal seine Hausaufgaben vergessen? Nicht so schlimm, denn: Einmal ist keinmal! Schliesslich muss Ihr Kind erst lernen, selbständig zu werden und Verantwortung zu übernehmen. Gerade deswegen sollen aber Hausaufgaben ernst genommen werden. Die meisten Erstklässler machen diese mit Stolz. Dennoch kann es vorkommen, dass ein Kind sie vergisst. Mögliche Gründe: Das Kind ist noch nicht selbständig genug. Oder es hat zu wenig Zeit und Ruhe, um seine Aufgaben zu machen. Oder es träumt, während die Hausaufgaben von der Lehrerin erklärt werden.

Immer mit der Ruhe

Meist handelt es sich bei solchen Vorkommnissen um eine Phase zu Beginn des ersten Schuljahres, bis Ihr Kind sich an die Umstellung gewöhnt hat.

Erinnert sich Ihr Kind nicht, welche Hausaufgaben es hat? Dann schauen Sie gemeinsam das Schulmaterial (Heft, Aufgabenblatt) an. So lässt sich oft leicht eruieren, was zu tun ist. Es ist auch keine Schande, die Lehrperson anzurufen oder sich bei einem Klassenkamerädli zu erkundigen.

Gemeinsam Lösungen suchen

Die Lehrerin wird sich bei Ihnen melden, wenn sie bemerkt, dass die Vergesslichkeit Ihres Kindes das übliche Mass übersteigt. Sind Sie alarmiert, nehmen Sie selbst mit ihr Kontakt auf. Suchen Sie gemeinsam nach einer Lösung, zum Beispiel mit einem Hausaufgabenheft.

Die Lehrerin toleriert unsorgfältig gemachte Hausaufgaben

Kontrollieren Sie jeweils, ob die Hausaufgaben erledigt sind? Sehr gut. Rügen Sie Ihr Kind für die mangelhafte Ausführung und verlangen eine Verbesserung? Weniger gut. Denn eine solche Haltung ist weder förderlich noch motivierend für das Kind! Denken Sie daran: Ist die Lehrerin zufrieden mit der Leistung Ihres Kindes, dann dürfen Sie dies auch sein. Eltern haben keinen Vergleich mit anderen Erstklässlern – die Lehrerin schon.

Vorsicht mit Korrigieren

Bedenken Sie auch, dass ein Kind die Erfahrung, korrigiert zu werden, erst machen muss. Die Erstklasslehrerin legt den Grundstein dafür, indem sie im ersten Halbjahr ausschliesslich positiv motiviert (zum Beispiel Kleberli für ordentlich gemachte Aufgaben) und erst danach anfängt, individuell zu beurteilen. Sie kann entscheiden, ob ein Kind seinen Verhältnissen entsprechend Fortschritte macht oder nicht. Im Eltern-Lehrer-Gespräch können Sie in Erfahrung bringen, wo Ihr Kind leistungsmässig steht.

Mein Kind hat nie Hausaufgaben

An Schweizer Primarschulen erhalten Kinder in der Regel übers Wochenende, über Feiertage und Ferien keine obligatorischen Hausaufgaben. Vielleicht entspricht es dem pädagogischen Konzept der Schule, auch sonst nie Hausaufgaben zu erteilen – dann sollten Sie darüber informiert worden sein. Ist dies nicht der Fall und hat Ihr Kind trotzdem nie Hausaufgaben, sollten Sie die Lehrperson kontaktieren und fragen, was es damit auf sich hat. Manche Schulklassen erhalten ausschliesslich Hausaufgaben zum Fertigmachen: Starke Schüler und Schülerinnen haben am Ende des Unterrichtes bereits alles erledigt und müssen zuhause nichts mehr machen (mehr dazu Seite 69).

Wie wird Leistung gemessen in der ersten Klasse?

Unsere Gesellschaftsordnung beinhaltet einen ständigen Wettbewerb, der Sieger und Verlierer hervorbringt: Dieses oft als ungerecht empfundene System macht auch vor der Schule nicht Halt. In mehr als der Hälfte der Kantone gibt es zwar in den ersten Schuljahren eine Schonfrist, doch irgendwann wird die Leistung der Schulkinder mit Noten bewertet. Bedenken Sie im Umgang mit Noten und Zeugnissen:

- Anerkennen Sie die individuelle Leistung Ihres Kindes mit Worten. Erklären Sie Ihrem Kind auch, dass es in erster Linie für sich selbst lernt – und was man für sich selbst tut, kann von anderen nicht belohnt werden.
- Vermeiden Sie Vergleiche mit Noten anderer Kinder. Für Schüler, die schlechte Noten erzielt haben, kann dies sehr frustrierend sein. Helfen Sie Ihrem Kind, sich nicht nur über seine Leistung zu identifizieren und das Selbstwertgefühl nicht nur von den schulischen Leistungen abhängig zu machen. Identität ist nämlich mehr als das, was man leistet und kann (was manche Erwachsene auf dem Weg nach oben leider vergessen).
- Belohnen Sie gute Noten nicht mit Geld, weil damit wieder neue Ungerechtigkeiten geschaffen werden. Oder zählt die Leistung eines Kindes weniger, das sich

Noten nicht überbewerten

im Rechnen mit viel Anstrengung von einem Dreieinhalber auf einen Vierer verbessert, als jene seines Gspänlis, das ohne grosse Anstrengung einen Fünfeinhalber schafft? Zu bedenken ist auch, dass ein finanzieller Anreiz nie so stark ist wie die eigene Motivation, seine Arbeit gut zu machen.

Genügend, gut, sehr gut

Leistungen der Kinder werden während der obligatorischen Schulzeit in der Regel mit Zahlen bewertet. In den meisten Kantonen geschieht dies auf einer Notenskala von Eins bis Sechs, wobei die Sechs die beste Note ist, mit der Vier eine den Anforderungen genügende Leistung bezeichnet wird und halbe Noten möglich sind. Nach wenigen Reglementen bezeichnet eine 3,5 bzw. eine 3 – 4 eine Leistung als genügend. Vereinzelt kommt auch eine Skala von Eins bis Zehn vor.

Etwas anders sieht es in der ersten Klasse aus: Hier werden in weniger als der Hälfte der Kantone Zeugnisse mit Noten ausgestellt. In den meisten Kantonen wird stattdessen ein schriftlicher Lernbericht erstellt. In einigen Kantonen werden auch Beurteilungsgespräche durchgeführt – sei es zusätzlich zu den Notenzeugnissen oder als einzige Form der Leistungsbewertung.

Nicht einverstanden mit den Noten

Ihr Kind kommt aufgrund des Zeugnisses nicht in die nächsthöhere Klasse? Eltern, welche die elterliche Sorge haben, können jede einzelne Note des Zeugnisses bei der zuständigen Behörde anfechten (mehr dazu ab Seite 73). Wohnt das Kind nicht bei den Eltern, sondern bei Pflegeeltern, sind diese in der Regel berechtigt, Beschwerde zu führen. Ob einzelne Zeugnisnoten auch dann angefochten werden können, wenn das Zeugnis keine Nachteile für den Schüler oder die Schülerin mit sich bringt, ist umstritten.

 Achtung: Einzelnoten, die im Laufe des Schuljahres erteilt werden, können erst im Rahmen des Zeugnisses angefochten werden und nicht unmittelbar.

Eltern wehren sich: Beschwerden und Anträge

Eltern können Lehrerinnen und Lehrer nicht einfach entlassen – egal, wie unzufrieden sie mit ihnen sind. Sie können ihre Entlassung nur bei den Behörden beantragen. Dieser Schritt ist allerdings erst in letzter Konsequenz angezeigt. Wählen Sie ein stufenweises Vorgehen, wenn die Lehrerin ihr Pflichtenheft nicht erfüllt oder die Klagen der Kinder Anlass zum Handeln geben:

Erst zuletzt zur Behörde

- Suchen Sie zuerst das Gespräch.
- Bleibt dieses ergebnislos, so ist eine Aussprache fällig, die im Beisein der Schulaufsichtsbehörde oder Schulleitung stattfinden sollte.
- Wenn Differenzen oder Wünsche weder im Gespräch mit dem Lehrer noch mit der Schulbehörde gelöst werden können, so können Sie schriftlich an die Behörden gelangen.

 Achtung: Die Rechtsmittel, die Ihnen für Beschwerden und Anträge zur Verfügung stehen, heissen von Kanton zu Kanton anders. Erkundigen Sie sich bei Unsicherheiten direkt bei der Bildungs- und Erziehungsdirektion Ihres Kantones.

Aufsichtsbeschwerden

Das sind einerseits Beschwerden, in denen das Verhalten der Lehrperson bei deren vorgesetzten Stelle bemängelt, kritisiert oder beanstandet wird. Aufsichtsbeschwerden sind andererseits auch möglich, wenn man der Meinung ist, dass die Behörde pflichtwidrig, unzureichend oder zu langsam gehandelt hat. Die Aufsichtsbeschwerde ist dann an die nächsthöhere Behörde zu richten.

Anträge

Dabei handelt es sich um Gesuche. Sie werden in der Regel an die Schulleitung oder an die Behörde gestellt,

Sorgfältige Begründung

selten an die Lehrperson. Beispielsweise soll ein Kind in ein bestimmtes Schulhaus eingeteilt werden, früher in die Ferien entlassen werden, zu einem anderen Lehrer oder in den Genuss einer besonderen Schulung kommen etc. Anträge sind immer zu begründen. Man stellt sie, weil man eine bestimmte Situation verändern oder herbeiführen will, dies ohne Einwilligung der Schule aber nicht kann.

Verlangen Sie bereits im Antrag eine schriftliche Antwort. Sie können auch verlangen, dass die Antwort eine Rechtsmittelbelehrung beinhaltet, also «beschwerdefähig» abgefasst wird (auch «beschwerdefähige Verfügung» genannt). Sobald Sie mit einem Entscheid nicht einverstanden sind, können Sie ihn an die nächsthöhere Instanz weiterziehen. Solche Schreiben nennt man Beschwerden, Rekurse oder Einsprachen.

Weiterziehen möglich

Wohin Sie sie schicken und welche Fristen eingehalten werden müssen, ist der Rechtsmittelbelehrung zu entnehmen.

Beschwerden, Rekurse, Einsprachen

Sie können dann gemacht werden, wenn man mit Entscheidungen nicht einverstanden ist. Will man sich wehren, so kann man die Entscheide weiterziehen bzw. anfechten. Sie müssen innerhalb einer bestimmten Frist an die richtige Stelle geschickt werden. Die Rechtsmittelbelehrung gibt Auskunft, wohin die Beschwerde gerichtet werden kann und innerhalb welcher Frist.

Wenn in der Rechtsmittelbelehrung nichts anderes vorgegeben ist, sollte die Beschwerde eingeschrieben geschickt werden und mindestens folgende Punkte enthalten:

- Personalien und Adresse
- Angaben, welchen Entscheid man anficht
- Begründung (Was will ich? Was will ich nicht? Und weshalb?)
- Ort, Datum und Unterschrift
- allfällige Beilagen und Beweismittel.

Wiedererwägungsgesuche

Etwas Ähnliches wie Gesuche: Die Behörde wird gebeten, auf einen bereits gefällten Entscheid zurückzukommen. Die Schulbehörde ist frei, auf das Gesuch einzutreten. Anders ist es, wenn sich die Ausgangslage verändert hat, oder wenn man erhebliche Tatsachen oder Beweismittel namhaft machen kann, die im früheren Verfahren nicht bekannt waren (oder deren Geltendmachung unmöglich war): In diesen Fällen haben Sie einen Anspruch darauf, dass sich die Behörden mit dem Wiedererwägungsgesuch befassen.

Ein neuer Anlauf

Mit oder ohne Anwältin?

Auf den ersten Stufen ist es nicht zwingend, einen Anwalt oder eine Anwältin beizuziehen. Private wie staatliche Rechtsberatungsstellen können die Erfolgsaussichten ebenso gut einschätzen und unter Umständen sogar bei der Formulierung behilflich sein. Landet ein Fall vor Gericht, ist anwaltschaftliche Hilfe in der Regel nötig, denn die Gegenpartei ist meistens von einem Anwalt vertreten.

Schulreisen, Ferien, Absenzen

Als Absenz ist jedes Fernbleiben von der Schule zu verstehen, sei es vom obligatorischen oder fakultativen Unterricht. Schülerinnen und Schüler sind verpflichtet, alle Unterrichtsstunden der Schule zu besuchen – auch Freifächer, für die sie sich angemeldet haben und möglicherweise vorgeschriebene Aufgabenstunden. In der Praxis ist ein lückenloser Schulbesuch aber nicht möglich, und es kommt immer wieder mal zu Absenzen. Es gilt zu unterscheiden zwischen vorhersehbaren und unerwarteten Absenzen.

Mein Kind ist krank

Unerwartete Absenzen sind solche, die nicht vorhersehbar sind, etwa weil ein Kind krank ist oder einen Unfall hatte oder weil wegen besonders schlechter Witterung der Schulweg nicht zu meistern ist. Was als Grund für unerwartete Absenzen anerkannt wird, ist in den kantonalen Gesetzen und Verordnungen geregelt.

Anruf genügt

Kann Ihr Kind unerwartet die Schule nicht besuchen, zum Beispiel weil es krank ist, melden Sie es vor Unterrichtsbeginn ab. Leidet es nicht allzu sehr, bitten Sie um Aufgaben, damit es den Anschluss nicht verpasst. Besprechen Sie mit der Lehrerin, wann Sie sich wieder melden. Grundsätzlich müsste die Abwesenheit nachträglich schriftlich begründet und von den Eltern, respektive denjenigen Personen, bei denen das Kind wohnt, unterschrieben werden. Viele Lehrpersonen begnügen sich aber mit einem Anruf.

Ist ein Kind länger krank, darf die Schule verlangen, dass sie nach einigen Tagen erneut informiert wird. Zudem ist sie berechtigt, auf einem Arztzeugnis zu bestehen – die Kantone regeln, nach wie vielen Tagen.

Endlich Ferien!

Alle freuen sich auf die schulfreien Tage im Jahr. Doch nicht nur berufstätige Eltern kommen manchmal in Verlegenheit, wenn es darum geht, ihre Kinder in den Ferien sinnvoll zu beschäftigen. Zwar brauchen Kinder nicht immer ein Full-Time-Programm; sie sind auch gern einmal einfach daheim, um mit ihren Kollegen und Freunden die Tage zu verbringen. Beliebt sind zudem Lager und Ferienwochen bei Verwandten oder Freunden. Und für viele Familien stehen ein- oder zweimal im Jahr die grossen Familienferien auf dem Programm.

Früher verreisen?

Bewilligung einholen

«Kein Kind darf ohne wichtigen Grund dem Unterricht fernbleiben», so und ähnlich steht es in allen kantonalen Schulgesetzen. Ist ein günstiger Charterflug auf eine Ferieninsel am Donnerstag vor dem offiziellen Schulferienbeginn ein triftiger Grund? Oder ein Besuch bei Verwandten in Südamerika, der länger dauert als die offiziellen Weihnachtsferien? Und wie steht es um die Familienfeier im Ausland, die während der schweizerischen Schulzeit stattfindet?

Für zusätzliche Ferientage braucht es immer eine Bewilligung. Das Thema sorgt für Zündstoff, denn was ein wichtiger Grund ist, wird von Schulgemeinde zu Schulgemeinde unterschiedlich beurteilt – und von Eltern anders bewertet als von den Behörden. «Ob ein Familienereignis für uns wichtig ist oder nicht, kann doch die Schule gar nicht beurteilen», ärgert sich ein Familienvater am Beratungstelefon des Beobachters, dessen Gesuch um zusätzliche Ferientage für seine Kinder abgeschmettert wurde. Die Schule an seinem Wohnort stellte sich auf den Standpunkt, dass 13 Wochen Ferien genug seien. Zudem sei die Schule kein Selbstbedienungsladen. Würde auf solche Gesuche eingetreten, wäre ein ordentlicher Schulbetrieb nicht mehr gewährleistet.

Unterschiedliche Praxis der Gemeinden

Feriengesuche immer schriftlich

Für ein oder zwei freie Tage kann der Lehrer oder die Lehrerin fast überall das Fernbleiben vom Unterricht bewilligen, wenn die Eltern achtbare Gründe für die Absenz haben. Das gilt aber in der Regel nicht für die Tage vor und nach den Ferien. Solche Gesuche sind an die Behörde zu richten (Beispiel im Anhang). Wenn sie nicht bewilligt werden und sich die Eltern über den ablehnenden Entscheid hinwegsetzen, so wird das Ferienbudget mitunter stark strapaziert: «Missachtung der Schulpflicht» oder «Ungehorsam gegen amtliche Verfügung» kann mit Bussen in der Höhe bis zu einigen tausend Franken geahndet werden.

Vorsicht Busse

■ *Familie B. aus dem Kanton Graubünden stellte für ihren Sohn Janis ein Gesuch um Beurlaubung vom Unterricht vom 14. bis zum 22. Dezember. Sie wollten diese Zeit für den Besuch von Verwandten in Afrika benutzen. Die Schulbehörde bewilligte die Abwesenheit bloss für die Tage vom 19. bis am 22. Dezember. Trotzdem reiste Familie B. mit Janis bereits am 14. Dezember nach Afrika und wurde deswegen vom Erziehungsdepartement des Kantons Graubünden zu einer Busse von 750 Franken verknurrt.* ■

Die Bussen können auch höher ausfallen. Sie bemessen sich in den einen Kantonen nach der Länge der Absenz und danach, ob es sich um den ersten derartigen Vorfall handelt oder ob sich dieser bereits wiederholt. In anderen Kantonen sind die finanziellen Verhältnisse der Eltern ebenfalls zu berücksichtigen.

Den Schulstoff nacharbeiten

Wenn Sie ein Gesuch um zusätzliche Ferientage oder für längere Absenzen stellen, empfiehlt es sich, vorgängig die Lehrperson zu kontaktieren. Unterstützt diese Ihr Vorhaben, sollte dies im Gesuch an die Behörde erwähnt werden. Die Chancen auf eine Bewilligung steigen, wenn Sie schreiben können, dass Sie über den Umfang des verpassten Unterrichtsstoffs informiert sind und bereits Massnahmen getroffen haben, diesen (beispielsweise mit selbst finanzierten Nachhilfestunden) aufzuarbeiten. Ein Beispiel für ein Gesuch finden Sie im Anhang.

Werden längere Absenzen bewilligt, etwa wegen eines mehrmonatigen Auslandaufenthalts, können die Eltern verpflichtet werden, den Kindern den anfallenden Schulstoff selber zu vermitteln.

Andere voraussehbare Abwesenheiten

Gründe für voraussehbare Absenzen gibt es reichlich: So möchte ein Kind vielleicht an einem Sportwettkampf teilnehmen oder an einem religiösen Feiertag seiner Konfession der Schule fern bleiben. Für solche Abwesenheiten ist bei der zuständigen Instanz eine Bewilligung einzuholen. Je nach Kanton oder Gemeinde ist dies die Schulleitung, die Aufsichtsbehörde oder eine andere zentrale Behörde.

Meist ist die Praxis der Behörden bei der Erteilung solcher Dispensationen streng. Oft bemühen sich Eltern deshalb erst gar nicht um eine Bewilligung. Davon ist aber abzuraten. Denn wird keine vorgängige Bewilligung eingeholt, obwohl die Absenz voraussehbar gewesen war, muss mit Sanktionen gerechnet werden. Wenn in Ihrem Kanton Jokertage vorgesehen sind, können Sie diese für solche voraussehbaren Absenzen benutzen.

Flexibel mit Jokertagen

Die Gesetzgebung einiger Kantone überträgt den Eltern die Verantwortung, gewisse Tätigkeiten und Anlässe in einem beschränkten zeitlichen Ausmass stärker zu gewichten als den Schulbesuch. Ermöglicht wird dies durch so genannte Jokertage, die in der Verantwortung der Eltern bezogen werden können. Jokertage können einzeln oder zusammenhängend ohne Gesuch und ohne Angabe von Gründen frei gewählt werden – eine unbürokratische Lösung, damit Schülerinnen und Schüler an unverschiebbaren Anlässen ohne langfädiges Absenzen- und Bewilligungsverfahren teilnehmen können. Selbstverständlich muss der Lehrer aber vorgängig informiert werden.

Praktischer Ansatz

Jokertage sind einzelne oder halbe Schultage gemäss Stundenplan der Klasse. Eine Übertragung nicht bezogener Tage auf das nachfolgende Schuljahr ist nicht möglich.

Je mehr Selbstverantwortung den Eltern zugestanden wird, desto weniger wird geschummelt (beispielsweise mit der Erklärung, die ganze Familie sei am Tag vor den Ferien an einer Magendarmgrippe erkrankt). Selbstverantwortung heisst aber auch, dass es nicht darum gehen kann, in jedem Schuljahr möglichst alle Jokertage zu beanspruchen.

Eigenverantwortung würdigen

Religiöse Ruhe- und Feiertage

Dürfen Schulkinder, welche einer religiösen Minderheit angehören, an ihren Feiertagen in der Schule fehlen? Diese Frage gibt immer wieder Anlass zu Diskussionen. Seit längerem ist anerkannt, dass ein schulfreier Samstag für bestimmte Konfessionen ein wichtiges religiöses Anliegen ist. Die Schule hat diesem Bedürfnis nachzukommen.

Die Ansicht des Bundesgerichts

Das Bundesgericht hat in einem seiner Entscheide die Höchstzahl religiöser Feiertage festgesetzt, für welche eine Dispensation vom Schulunterricht beansprucht werden darf. In Anlehnung an die Absenzen, welche orthodoxe Juden benötigen, kam das höchste Gericht auf maximal dreizehn Tage; dies ohne Samstage. Nach Ansicht des Bundesgerichts wird der Schulerfolg auch bei fünf oder sechs aufeinander folgenden Feiertagen nicht in Frage gestellt, weshalb solche Dispensationsgesuche zu bewilligen seien.

Müssen Kinder auf die Schulreise?

Die Kinder sind verpflichtet, während der obligatorischen Schulzeit an eintägigen Ausflügen wie Wanderungen, Museumsbesuchen oder auch Veranstaltungen wie Basaren teilzunehmen, wenn sie für obligatorisch erklärt wurden.

 Es ist nicht zulässig, Schulkinder zu verpflichten, an einem Sonntag an einem Ausflug oder Lager teilzunehmen. Dies nicht einmal dann, wenn ein kantonales Gesetz dies vorsehen würde.

Verantwortung und Haftung

Während Exkursionen, Ausflügen, Lagern und ähnlichen Veranstaltungen im Rahmen der Schule trägt die Lehrerin die Verantwortung für die Schülerinnen und Schüler. Im Gegensatz zum ordentlichen Unterricht ist die Verantwortung der Lehrpersonen in Lagern und auf Schulreisen grösser. Sie erstreckt sich auch auf den Bereich der Pflege: Die Lehrerin muss dafür sorgen, dass sich die Kinder vernünftig kleiden, genügend zu essen haben und zu ihrem Schlaf kommen. Sie muss sich zudem um das Wohlergehen und die Gesundheit der Schüler kümmern.

Lehrer müssen solche Ausflüge gut vorbereiten und rekognoszieren. Je nach Klassengrösse muss mindestens eine Begleitperson dabeisein, die bei der Aufsicht über die Kinder behilflich ist. Der Zeitpunkt der Rückkehr sowie der Treffpunkt, wo die Kinder abgeholt werden können, ist den Eltern mitzuteilen.

Manchmal ist Begleitung erforderlich

Die Schule fällt aus

Berufstätige Eltern mit straff organisiertem Tagesablauf können ein Lied davon singen: Von den vielen (Halb-) Tagen, die wegen Weiterbildung der Lehrkraft, wegen gegenseitigen Schulbesuchen, Teamveranstaltungen, Schulkapitel etc. ausfallen und Väter und Mütter vor Betreuungsschwierigkeiten stellen. Die Schule ist jedoch nicht primär eine Betreuungsinstitution. Solange die Ausfälle den gesetzlichen Regelungen entsprechen, lässt sich dagegen nichts unternehmen. Manche Schulen bieten an, dass Kinder Parallelklassen besuchen können, wenn der Unterricht bei der eigenen Lehrerin ausfällt. Erkundigen Sie sich nach solchen Möglichkeiten.

Lästig, aber korrekt

4. Was sonst noch wichtig ist: Ernährung, Bewegung, Spiel

Schon jetzt: Work-Life-Balance

Förderstress und stundenlanges Büffeln werden Ihren kleinen Abc-Schützen kaum glücklich machen – und garantieren im Übrigen auch nicht unbedingt gute Schulleistungen. Schon jetzt ist vielmehr ein Ausgleich zwischen Denkarbeit und Spiel, Pflicht und Musse entscheidend. Gönnen Sie Ihrem Erstklässler, Ihrer Erstklässlerin genügend Bewegung und Entspannung. Das fördert die Leistungsfähigkeit ebenso zuverlässig wie eine ausgewogene Ernährung.

Mach mal Pause

Mit der Schule hält der Ernst des Lebens Einzug – doch Pausen fürs Austoben, Entspannen, Kreativsein sind so wichtig wie zuvor. Vor allem Spielen ist nicht, wie viele Erwachsene denken, einfach eine unterhaltsame Art, den Tag zu verbringen. Im Gegenteil: Das Spiel – allein oder gemeinsam mit andern – ist ein wertvolles Lernfeld.

Von der Notwendigkeit des Spielens

Der Drang zum Spielen ist dem Menschen angeboren. Für das Kind ist es der Zugang schlechthin zu den Dingen, Aufgaben und Erkenntnissen dieser Welt, die es im wahrsten Sinne des Wortes «spielend» kennen lernt.

Genuss total

Spielen ist also nicht nur Zeitvertreib, sondern Erlernen von Fertigkeiten, Anhäufung von Wissen, Erprobung von Rollen, Lösen von Problemen – und nicht zuletzt Entspannung pur.

Das Spiel verliert mit dem Eintritt eines Kindes in die Schule nicht an Bedeutung, sondern ist auch für grössere Kinder als Ausgleich wichtig. Gemeint ist hier jede Art von Beschäftigung, die Bewegung, Rollenspiel, Kreativität und Musisches beinhaltet. Häufig kristallisiert sich schon jetzt heraus, welche Hobbys Ihr Kind favorisiert. Egal, ob es zur Leseratte oder zum faszinierten Fussballspieler wird – unterstützen Sie seine Interessen, solange ihm die Freizeitbeschäftigung Spass macht und nicht zum (selbst) auferlegten Erfolgsdruck wird.

Ein bisschen Spass muss sein

Auch wenn Ihr Kind jetzt zur Schule geht – es spielt immer noch mit Vorliebe gemeinsam mit Ihnen, seinen Geschwistern, Freundinnen und Freunden. Es freut sich darüber, wenn Sie sich für seine Welt interessieren und teilnehmen. Schulkinder können sich aber auch alleine beschäftigen und ziehen sich immer häufiger in ihr Zimmer zurück. Manche tun dies früher, andere später.

Kinder im Schulalter spielen zwar oft dasselbe, was ihnen als Kleinkind schon gefallen hat. Doch mit der Zeit verändert sich die Form des Spiels, sein Schwierigkeitsgrad, die Genauigkeit, die Ausdauer und die Zielsetzung.

Sicher haben Sie Ihr Kind schon dabei beobachtet, wie es alles um sich herum vollkommen unbeachtet lässt und in seine eigene Welt versunken spielt. Tatsächlich kann keine Entspannungsmethode an Vertiefung, Beruhigung und Konzentration so viel bieten wie das intensive, buchstäblich selbstvergessene Spiel. Gönnen Sie Ihrem Kind diese Momente so oft wie möglich, denn Entspannung führt neben einer langfristig ausgleichenden Wirkung auch zu einer Erhöhung der Konzentrationsfähigkeit, der Gedächtnisleistung und zur Stärkung der Selbstsicherheit. Kinder, die viel Zeit und Raum zum gemeinsamen und selbständigen Spielen haben, sind in ihrer Persönlichkeit ausgeglichener, fröhlicher, selbst-

Entspannung bringt Erfolg

sicherer und zeigen bessere Schulleistungen als solche, die zu wenig oder ungünstige Spiele spielen. Spielende Kinder haben zudem eine grössere Kompetenz, mit Sachen umzugehen, und verfügen über einen höheren Wissensstand.

Beachten Sie: Nicht jede Art von Spiel entspannt. Gerade im Bereich der medialen Spiele ist Vorsicht geboten (mehr dazu Seite 88).

Förderstress nein danke!

Führen Sie für Ihre Erstklässlerin eine Agenda – Ballett, Englisch, Reiten, Tennis? Die riesige Palette an Freizeitangeboten, die Kindern heute offen steht, ist verlockend. Und als Eltern möchten Sie Ihrem Kind gerne etwas bieten. Doch bedenken Sie: Ein zu grosses ausserschulisches Engagement könnte ihm mit der Zeit körperlich und psychisch schlecht bekommen. Ist sein Wochenplan zu voll, fehlt ihm die Zeit, auch mal nichts zu tun und daraus erneut kreativ zu werden und eigene Ideen zu verwirklichen. Deshalb reichen ein bis maximal zwei fixe Freizeitaktivitäten pro Woche aus, wie zum Beispiel Flötenunterricht und Handballtraining.

Bewegung macht geistig fit

Spielen ist häufig mit Bewegung verbunden – und Bewegung regt das Gehirn an. Die Hirnforschung belegt: Wir kommen mit einem Überschuss an Neuronen (Nervenzellen) auf die Welt. Das Gehirn eines Neugeborenen weist bis zu 180 Milliarden Nervenzellen auf, die bis zum vierten Lebensjahr auf den Stand des erwachsenen Gehirns (100 Milliarden) abgebaut werden. Nur diejenigen Nervenzellen, die benutzt werden, überleben. Und: Es besteht ein Zusammenhang zwischen der Zahl der Nervenzellen und der späteren Intelligenz.

Hirnzellen erhalten

 Das stärkste Reizmittel, das zum Erhalt der Nervenzellen beiträgt, ist Bewegung. Sorgen Sie dafür, dass Ihr Kind von Geburt an ein Umfeld vorfindet, das ihm ermöglicht, sich seinem Entwicklungsstand entsprechend zu bewegen.

Durch Bewegung wird nicht nur das Gehirn stimuliert, gefördert werden auch das körperliche Wachstum und die Motorik, die Wahrnehmung des eigenen Körpers, ein gesundes Selbstvertrauen und die soziale Integration. Ein weiterer Vorteil: Es ist erwiesen, dass Bewegung die Lernmotivation und Konzentrationsleistung unterstützt.

Die Intelligenz des Körpers

Kinder, die in ihrem Bewegungsdrang gebremst werden, weisen dagegen häufiger motorische Entwicklungsstörungen, fehlenden Gleichgewichts- und Koordinationssinn, Konzentrations-, Wahrnehmungs- und Lernstörungen auf. Sie haben zum Beispiel Mühe, einen Purzelbaum zu schlagen. Kinder mit einem Bewegungsmangel neigen zudem eher dazu, besonders ängstlich, aggressiv oder selbstzerstörerisch zu sein. Übergewicht ist eine weitere mögliche Folge.

 Kinder brauchen mindestens zwei bis drei Stunden Bewegung pro Tag, um sich gesund zu entwickeln. Am liebsten toben sie sich draussen aus, mit anderen Kindern und der Familie. Machen Sie mit, seien Sie Vorbild! Suchen Sie Ideen? Sie finden eine Fülle davon im Ratgeber «Motivierte Kinder – zufriedene Eltern. Tipps und Ideen zum Spielen, Lernen und Helfen» (www.beobachter.ch/buchshop).

Von der Körperwahrnehmung zum Zahlenverständnis

Ein gut entwickeltes Raumvorstellungsvermögen ist die Basis für mathematisches Denken und hat ebenfalls mit Bewegung zu tun: Wer seine Bewegungen gezielt einsetzen kann, hat bereits ein inneres Bild des äusseren Raumes aufgebaut. Und diese Raumvorstellung beginnt damit, dass ein Kind weiss, was vorne und hinten, oben und unten, rechts und links ist. Mathematisches Denken ist nichts anderes als das Ordnen und Umordnen von Mengen in einem vorgestellten, innerlichen Raum. Körperwahrnehmung und Raumvorstellung bilden die Grundlage dafür. Kinder mit einer guten Körperwahrnehmung haben später weniger Probleme beim Rechnen, häufig auch beim Lesen und Schreiben.

Gymnastik fürs Gehirn

Hat Ihr Kind ab und zu Mühe, sich zu konzentrieren? Träumt es vor sich hin, statt die Hausaufgaben zügig zu erledigen? Das ist kein Grund zur Besorgnis, denn Ihre Tochter, Ihr Sohn muss erst lernen, sich für längere Zeit zu konzentrieren. Wiederum ist genügend Bewegung das Wichtigste. So zeigen Schülerinnen und Schüler nach Sportstunden bessere Leistungen und vertiefte Konzentration. Dasselbe lässt sich nach kurzen Bewegungspausen während des Unterrichts oder den Hausaufgaben feststellen. Das ist leicht umsetzbar, denn bereits kleine Bewegungen wie Gehen, Aufstehen und Setzen reichen aus, um die Sauerstoff- und Zuckerversorgung des Gehirns zu verbessern und die Informationsverarbeitung zu optimieren. Der psychisch positive Nebeneffekt, nicht mehr stillsitzen zu müssen, trägt ebenfalls dazu bei, das Lernen zu erleichtern.

Wach dank Bewegung

 Verhelfen Sie Ihrem Kind zu Bewegungspausen: Lassen Sie es während den Hausaufgaben kurz aufstehen und sich – in einer anderen Position – wieder hinsetzen. Es soll sich selbst ein Glas Wasser holen und trinken, das Fenster für fünf Minuten öffnen gehen, einmal um den Tisch hüpfen oder drei Versuche machen, mit dem Papierknäuel in den Papierkorb zu treffen.

Diese Bewegungsübungen helfen

Wissenschaftler vermuten, dass Lernstörungen wegen Konzentrationsmangel auf eine fehlende Zusammenarbeit einzelner Gehirnteile zurückzuführen sind. Umgekehrt kann das Bewegen einzelner Körperteile gewisse Regionen des Gehirns aktivieren. Übungen zur Auflösung solcher Lernblockaden sind deshalb so angelegt, dass die beiden Gehirnhälften miteinander verbunden werden: oben / unten, hinten / vorne und links / rechts.

Beide Hirnhälften aktivieren

Probieren Sie mit Ihrem Kind folgende Übungen aus:
Fingerübung: Die gespreizten Finger beider Hände werden an den Spitzen aneinandergelegt, so dass ein kleines Zelt entsteht.
Glöckchen: Die Hände werden wie zum Gebet verschränkt, die beiden Mittelfinger in den Hohlraum hindurchgesteckt: Bim-bam, das Glöckchen läutet.
Füsse über Kreuz: Sitzen mit gestreckten Beinen, die Füsse werden an den Fussgelenken so übereinandergelegt, dass sie sich kreuzen.
Gehen übers Kreuz: Beim Gehen die Knie hochziehen; die rechte Hand berührt das linke Knie und umgekehrt.
Drehübung im Stehen: Die rechte Hand berührt die linke Ferse und umgekehrt. Der Oberkörper dreht sich dabei nach hinten. Variante im Hüpfen: Der Fuss wird dabei angehoben, der Oberkörper bleibt gerade.

Lassen Sie Ihr Kind die Übungen ein paar Mal wiederholen – oder noch besser: machen Sie sie gemeinsam.

Klug mit Musik

Musik macht klug – neuste Studien belegen es. Insbesondere dann, wenn Kinder die Musik selber machen, also ein Instrument spielen oder singen.
Im Vergleich zu nicht musizierenden Kindern ist die Gedächtnisleistung von Musikern und Musikerinnen wesentlich besser. Der Grund: Musik hat einen stimulierenden Einfluss auf das Gehirn. Je früher man mit musischer Erziehung beginnt, desto stärker kommt es zu echten Vergrösserungen im Gehirn. In den Hirnarealen, die für Hören, Sehen und für Bewegungsabläufe zuständig sind, bilden sich – im Vergleich zu Nichtmusikern – eine grössere Anzahl Nervenzellen.
Musik fördert demnach zum einen die Intelligenz, kann zum anderen aber auch die seelische Ausgeglichenheit positiv beeinflussen. Beim Tanzen kommt beides zusammen: die Anregung durch Bewegung und Musik.

Fittes Denkorgan

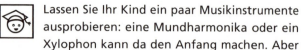 Lassen Sie Ihr Kind ein paar Musikinstrumente ausprobieren: eine Mundharmonika oder ein Xylophon kann da den Anfang machen. Aber auch am Klavier, an der Gitarre oder Ukulele (wegen ihrer kleinen Grösse spricht sie Kinder besonders an) oder am Schlagzeug können Erstklässler Lust am Musizieren bekommen. Mieten Sie ein Instrument zuerst ein halbes Jahr, bevor Sie es kaufen, und informieren Sie sich über die Musikschule Ihrer Gemeinde.

Wichtig: Nur regelmässiges Üben führt zu Freude und Erfolg am Musizieren.

Pause vor dem TV?

Fernsehen, Playstation, Gameboy und Computerspiele gehören zum liebsten Zeitvertreib von Kindern. Doch für das kindliche Gehirn hat das Verweilen vor dem Bildschirm negative Folgen: Obwohl die Bilder bewegt, bunt und geräuschvoll sind, liefern sie zu wenig Information. Denn es gibt nichts zum Tasten, Riechen oder Schmecken – und es fehlt die dritte Dimension.

Langzeituntersuchungen zeigen: Ein hoher Konsum von Bildschirmmedien in der Kindheit führt zu einem schlechteren Bildungsabschluss im Erwachsenenalter. Denn je öfter und länger jemand vor dem Bildschirm sitzt, desto mehr gehen andere Beschäftigungen wie Lesen, Sport, Musizieren und Spielen drastisch zurück. Ausserdem droht die soziale Isolation, weil weniger Kontakte zu andern Kindern stattfinden. Eine Gefahr ist auch Übergewicht: Fernsehen macht dick, zumal vor der Glotze oft Ungesundes geknabbert wird. Konzentrationsschwierigkeiten, Aggressionen und Ängste sind weitere unerwünschte Nebenwirkungen.

TV macht dumm und dick

 Es ist eine Tatsache, dass Kinder Zugang zu Fernseher und Computer haben. Deshalb gilt: Wenn schon, dann sollen sie den Umgang damit so gut als möglich erlernen. Dazu gehört, dass Sie als Eltern wissen, entscheiden und kontrollieren, wann, wie lange und vor allen Dingen was Ihr Kind sich ansieht. Und: Eine Stunde Bildschirmmedien pro Tag ist für ein Schulkind absolut genug.

Denkbenzin Nahrung

Die Ernährung hat einen grossen Stellenwert, wenn es um schulische Leistungen geht. Tatsache ist: Kinder brauchen sowohl ein Frühstück als auch ein Znüni, da sie sonst in den Morgenstunden nicht optimal leistungsfähig sind. Die beiden als «Frühstücks-Zweimaleins» bezeichneten Mahlzeiten müssen gut aufeinander abgestimmt sein und die Bestandteile Brot oder Getreideflocken, Früchte oder Gemüse, Milch oder Milchprodukte enthalten.

Satt und leistungsfähig

 Im Beobachter-Ratgeber «Kinderernährung gesund und praktisch. So macht Essen mit Kindern Freude» finden Sie alles Wissenswerte zum Thema Kinderernährung, inklusive eine Fülle von Tipps für alle Altersstufen, Wochenpläne sowie leckere Rezepte (www.beobachter.ch/buchshop).

Ein guter Start in den Tag

Geht Ihr Kind ohne Frühstück aus dem Haus? Das sollten Sie ändern, denn ein ausgewogenes Zmorge ist etwas vom Wichtigsten für gute Schulleistungen.

■ *Aurelia ist ein Morgenmuffel. Sie trödelt morgens oft so lange herum, dass sie keine Zeit mehr hat, das bereitgestellte Frühstück zu essen. Weil ihre Mutter ebenfalls nicht frühstückt, findet sie nichts dabei. Sie gibt ihrer kleinen Tochter dafür ein etwas grösseres Sandwich mit in die Schule.* ■

Leere Speicher auffüllen

Muss ein Kind wie Aurelia morgens ohne Frühstück aus dem Haus, geht es ihm ähnlich wie einem Auto, das ohne Benzin losfahren sollte. Das eigentliche Denkbenzin ist Traubenzucker, welcher aus Kohlenhydraten gewonnen und als Stärke in der Leber gespeichert wird. Doch diese Reserve hält nur wenige Stunden an. Wenn sich Kinder bewegen, wenn sie denken, lernen und sich konzentrieren müssen, wird der gespeicherte Traubenzucker kontinuierlich aufgebraucht. Dies passiert auch während den langen Stunden der Nachtruhe.

Kinder kopieren ihre Eltern auch beim Zmorge gnadenlos. Wer möchte, dass sein Kind frühstückt, sollte sich deshalb mit ihm zusammen an den Tisch setzen und ebenfalls etwas essen oder zumindest eine Tasse Tee oder Kaffee trinken.

Brot spielt bei den Morgenmahlzeiten nach wie vor eine Hauptrolle. Allerdings sollte es Vollkornbrot sein; damit fühlen sich Kinder wohler und sind länger leistungsfähig, als wenn sie Weissbrot gegessen haben. Auch Getreideflocken in Form von Müesli oder Vollkorncerealien passen gut zu einem gesunden Kinderfrühstück.
Verantwortlich für die positive Wirkung sind die im Vollkorngetreide enthaltenen Nahrungsfasern, welche das Sättigungsgefühl verlängern, sowie die Weizenkeime. In ihnen stecken alle nützlichen Inhaltsstoffe des Korns – Eiweissbausteine, lebensnotwendige Fettsäuren, Mineralstoffe und nicht zuletzt die Vitamine der B-Gruppe, die besonders wichtig sind für die Nerven, einen erholsamen Schlaf, die Blutbildung und den Aufbau von Haut und Haaren. Und natürlich für gute Schulleistungen, denn sie gelten als eigentliche Nerven- und Gehirnvitamine.

Wichtige Inhaltsstoffe

Streuen Sie Ihrem Kind und sich selbst regelmässig einen Esslöffel Weizenkeime übers Müesli oder ins Joghurt.

Die richtige Zwischenmahlzeit

Da die Kohlenhydrate aus dem Frühstück nach etwa zwei Stunden aufgebraucht sind, ist in der Znünipause Nachschub erforderlich. Sonst fallen die Leistungen des Kindes rasch ab. Doch die Wahl eines geeigneten Znünis ist für viele Eltern schwierig. Es sollte schnell zuzubereiten, gut verpackbar und günstig sein, keinen Karies verursachen und dem Kind die Nährstoffe liefern, welche es für seine Leistungsfähigkeit braucht. Und es sollte dem Kind schmecken! Eine weitere Anforderung: Je nach Wohnort gibt die Schule Merkblätter mit Empfehlungen oder Verboten rund ums Znüni ab. Alle diese Aspekte unter einen Hut zu packen, ist nicht immer einfach.

Günstig, gut, schmackhaft

Ein gesundes Znüni zeichnet sich dadurch aus, dass es viele lebenswichtige Nährstoffe liefert und den Blutzuckerspiegel nur mässig ansteigen lässt. Dies ist bei Milch- und Vollkornprodukten, Obst und Gemüse der Fall. Sie sättigen lange und verhelfen zu einer optimalen Leistungsfähigkeit.

Süssigkeiten, Chips und Weissbrotsandwiches lassen den Blutzuckerspiegel in die Höhe schnellen und rasch wieder abfallen. Die Folge: Ihr Kind kann sich nicht richtig konzentrieren, ist müde oder zappelig. Es hat lange vor dem Mittagessen Heisshungerattacken – meist auf Süssigkeiten. Die Auf- und Ab-Bewegungen der Blutzuckerkurve fördern zudem die Entstehung von Übergewicht. Verzichten Sie also auf solche Znünis.

Hände weg von diesen Znünis

 Ein Getränk sollte genauso Platz im Schulthek finden wie das Rüebli oder Vollkorn-Sandwich, denn ein Flüssigkeitsmangel beeinträchtigt die Konzentrationsfähigkeit stark. Geeignet sind Wasser, ungesüsste Tees oder stark verdünnte Fruchtsäfte.

So klappts mit dem Znüni

Das Znüni bleibt sauber und appetitlich, wenn Sie es in eine wiederverwendbare Box aus Plastik packen. Ge-

tränke können in hygienischen, waschbaren und unzerbrechlichen Glas- oder Aluflaschen mitgegeben werden.
- Vollkornbrötli können gut mit Butter und Schinken gefüllt und einzeln eingefroren werden. Geben Sie sie den Kindern gefroren mit, sie tauen bis zur Pause auf.
- Schneiden Sie frische Früchte in mundgerechte Stücke und geben Sie diese, mit wenig Zitronensaft beträufelt, in eine Znünibox. Dazu eine (Plastik)gabel. Viele Kinder essen das Obst lieber so zubereitet als am Stück.
- Schneiden Sie rohes Gemüse in Stängelchen. Geben Sie in einem kleinen, verschliessbaren Becher einen Dip aus Magerquark, etwas Mayonnaise, Salz, mildem Paprika, etwas Ketchup mit.
- Kinder bevorzugen Sandwiches mit feuchten Füllungen. Sie mögen auch Wraps oder Vollkorn-Muffins, die mit frischem Gemüse zubereitet sind.

So klappts

Znünis für kleine Feinschmecker

Die folgenden Znüni-Rezepte stammen vom Spitzenkoch Lukas Rosenblatt.
Sie ergeben jeweils zwei Kinderznünis.

Im Licht des Südens

4 Scheiben Vollkornbrot
2 EL Doppelrahmfrischkäse mit Tomaten
1 Tomate, entkernt, in Scheiben

Bestreichen Sie die Brotscheiben mit Doppelrahmfrischkäse, belegen Sie sie mit den Tomatenscheiben. Dazu passt mit Wasser verdünnter Apfelsaft (Verhältnis 1:1).

Für Fleischtiger

4 Scheiben Vollkornbrot
$1/2$ Pouletbrust, gewürzt, in wenig Rapsöl gebraten, in dünne Scheiben geschnitten
2 EL Magerquark, abgetropft
1 EL Mayonnaise «light»
Wenig Kräuter- oder Gewürzsalz

Quark und Mayonnaise mischen, würzen. Brotscheiben damit bestreichen und mit den Pouletscheiben belegen. Dazu passen Cherrytomaten, als Getränk Wasser.

Was tun, wenn …

… Ihr Kind kein Znüni mitnehmen will?

Fragen Sie Ihr Kind, warum es darauf verzichten möchte. Meistens lautet die Antwort, dass es mit den Kollegen spielen will und keine Zeit zum Essen hat. Abhilfe schafft ein Znüni zum Trinken, es ist innert kürzester Zeit verzehrt. Gut geeignet sind z. B. Smoothies, Joghurtdrinks, Milchgetränke oder Fruchtsäfte.

… Ihr Kind ungesunde Znünis wie Milchschnitten oder Chips mitnehmen möchte?

Erklären Sie Ihrem Kind, dass es gewisse Dinge durchaus ab und zu daheim als Zvieri oder Dessert geniessen darf, aber nicht, wenn es sich nachher konzentrieren muss. Manchmal geht es nicht ohne Kompromisse, zum Beispiel indem Ihr Kind am Freitag ein Znüni nach seiner Wahl mitnehmen darf. An den anderen Schultagen dagegen bestimmen Sie. Ist der Gruppendruck der Klasse stark und die Znüniverpflegung der Klassenmehrheit ungesund, greifen Sie das Thema an einem Elternabend auf.

Kompromisse suchen

… Ihr Kind immer die (ungesunden) Znünis von andern Kindern isst und sein (gesundes) Znüni mit andern teilt?

Drücken Sie beide Augen zu. Dieses Verhalten ist normal, es gehört zum Schulalltag, und schliesslich ist es ja erfreulich, wenn Ihr Kind seine Sachen teilen kann. Ideal ist es natürlich, wenn die Eltern der besten Schulfreunde auch gesunde Znünis mitgeben. Wenn nicht, arbeiten Sie daraufhin, dass an der Schule Richtlinien fürs Znüni abgegeben werden.

… Ihr Kind nichts zu Mittag essen mag, weil es vom Znüni her noch satt ist?

Überlegen Sie, ob Ihr Znüni zu gross ist. Meist liegt das Problem allerdings anderswo: Die Kinder nehmen sich

Sich anpassen

keine Zeit, um das Znüni in der Schule zu essen. Oder sie werden von Kollegen mit deren Znünis eingedeckt, und ihr eigenes Znüni essen sie dann auf dem Heimweg. Sie haben zwei Möglichkeiten: Erklären Sie dem Kind, dass es das Znüni in der Pause essen soll, damit es Appetit aufs Mittagessen hat. Oder seien Sie flexibel und machen Sie sich nichts draus, wenn das Mittagessen kleiner ausfällt. Denn der Apfel, die Karotte oder das Vollkornbrötchen vom mitgegebenen Znüni liefern ja ebenfalls viele wichtige Nährstoffe.

5. Schwierigkeiten meistern

Jedes Kind ist anders. Unterschiede, Eigenarten und Schwierigkeiten gehören zur normalen Entwicklung. Und gerade zu Beginn der Schulzeit gilt es oftmals, einfach Geduld zu haben. Während manche Kinder überreif für die Schule sind, brauchen andere etwas mehr Zeit, sich an den Schulbetrieb zu gewöhnen.

Zum Kind stehen

Lernschwierigkeiten und besondere Talente

Erwachsene können ihre Schwächen meist elegant umschiffen – Kinder hingegen werden tagtäglich mit dem konfrontiert, was ihnen Mühe bereitet, sei es im Lesen, Turnen, Rechnen. Oder aber sie langweilen sich, weil sie den Stoff, den der Rest der Klasse eben erarbeitet, schon längst beherrschen.

Mein Kind ist überfordert

Der Schuleintritt ist für jedes Kind ein wichtiger Entwicklungsschritt. So ist es ganz normal, dass gewisse Anlaufschwierigkeiten auftreten können. Diese sind in aller Regel unbedenklich und verschwinden nach kurzer Zeit.

 Vertrauen Sie darauf, dass sich die Lehrperson bei Ihnen meldet, wenn ein Verhalten Ihres Kindes wirklich auffällig ist. Und fragen Sie Ihrerseits nach, wenn Sie unsicher sind.

Manche Eltern erwarten besondere Fortschritte Ihres Kindes im Lesen, Schreiben und Rechnen. Vielleicht konnte

Vertrauen haben Ihr Kind beim Schuleintritt noch nicht lesen, was völlig in Ordnung ist. Von Grund auf lesen, schreiben und rechnen zu lernen ist ein anspruchsvoller Prozess – erinnern Sie sich etwa an die Anfänge, als Sie Ihre letzte Fremdsprache lernten. Seien Sie geduldig und vertrauen Sie darauf, dass starke Defizite frühzeitig erkannt werden, denn in der ersten Klasse werden alle Kinder mit einem logopädischen Reihentest auf ihre Wahrnehmungsfähigkeit hin untersucht. Und auch im Kindergarten erfolgte bereits ein Test zur Sprachentwicklung.

Das können Sie tun

Dennoch gibt es Kinder, die überfordert sind – sei es mit dem Lernstoff, der zunehmenden Selbstverantwortung oder im Sozialverhalten in der Gruppe. Überforderung hat oft eine Vorgeschichte, und ein überfordertes Kind hat häufig bereits im Kindergarten Signale gegeben.

Anzeichen für eine Überforderung	
Psychosomatische Symptome:	**Auffälliges Verhalten:**
• Bauchschmerzen, Übelkeit und Erbrechen; Essstörungen; starke Gewichtszu- oder abnahme	• Freudlosigkeit, Motivationslosigkeit
	• Aggressionen oder Depressionen
	• Ängste
• Kopfschmerzen	
• Müdigkeit, Konzentrationsstörungen	• Rückzug, Apathie oder Überdrehtheit
	• Kaum Kontakt zu Mitschülern in der Freizeit
• Schlafstörungen, Angst- und Alpträume	
• Einnässen und -koten, Nägelkauen	• Schuleschwänzen, Schulverweigerung
Achtung: Diese Symptome können auf eine Überforderung hinweisen, aber auch andere Ursachen haben.	

Haben Sie den Eindruck, Ihr Kind sei überfordert, suchen Sie umgehend das Gespräch mit der Lehrperson. Der erste Schritt kann eine schulpsychologische Abklärung sein. Diese Untersuchung ist freiwillig und hängt von der Zustimmung der Eltern ab. Eltern können ihr Kind auch jederzeit von sich aus abklären lassen. Oft findet sich gemeinsam mit der Lehrperson ein Lösungsweg, damit sich Ihr Kind wieder wohler fühlt.

Bedenken Sie auch: Ob ein Kind überfordert ist oder nicht, hängt nicht zuletzt von Ihrer Haltung ab. Zu viel Druck auf die schulische Leistung kann das Kind in eine Überforderung drängen, Tadel demotiviert. Besser ist Lob beziehungsweise die Ermutigung, eine Aufgabe nochmals zu probieren. Verzichten Sie auf materielle Belohnungen – schenken Sie Ihrem Kind Anerkennung in Worten und Gesten oder in Form von gemeinsam verbrachter Zeit.

Kinder ermutigen

Das hilft gegen Überforderung in der Schule:
- Regelmässige gemeinsame Familienaktivitäten, die mit der Schule nichts zu tun haben.
- Den Hausaufgaben genügend Raum und Zeit einräumen. Hilfestellung, wenn dies vom Kind gewünscht wird. Kontrolle ohne Korrekturanspruch.
- Zum Aufbau eines gesunden Selbstvertrauens Sport, Freizeitaktivitäten, Hobbys und Freunde pflegen.
- Schulkameraden nach Hause einladen.

Mein Kind ist unkonzentriert

Ihr Kind muss die Fähigkeit zur Konzentration erst erlernen. Und auch hier gilt: Jedes Kind ist ein Individuum. Manche können sich bereits als Kleinkinder für längere Zeit mit etwas beschäftigen, andere nicht.

Die Persönlichkeit des Kindes respektieren

■ *Leonie sitzt schon seit einer dreiviertel Stunde an den Hausaufgaben. Immer wieder blickt sie zum Fenster hinaus, träumt vor sich hin, rutscht auf dem Stuhl herum. Es geht und geht nicht vorwärts, dabei möchte sie mit ihrer Freundin spielen – aber das darf sie erst, wenn sie fertig ist. Weil die täglichen Hausaufgaben immer häufiger in einem kleinen Drama enden, hat die Mutter mit der Lehrerin eine Vereinbarung getroffen: Leonie muss* zwanzig Minuten dranbleiben und darf dann aufhören – egal, ob sie fertig ist oder nicht. Jedesmal, wenn sie während dieser Zeit konzentriert gearbeitet hat, erhält sie einen Stempel auf einer Belohnungskarte. Nach zehn Stempeln darf sie mit ihrer Mutter einen Kuchen backen oder ins Hallenbad gehen. ■

20 Minuten sind genug

Der eigentliche Lernprozess zur Konzentrationsfähigkeit fängt im Kindergarten an, und die Dauer der Konzentration nimmt stetig zu: Sieben- bis zehnjährigen Kindern ist es gemäss Hirnforschung möglich, bis zu 20 Minuten am Stück konzentriert zu arbeiten. Danach sollte eine Pause oder eine andere Lernform folgen.

Im ersten Schuljahr müssen Kinder während gewissen Zeiten konzentriert sein: Beim Zuhören, wenn die Hausaufgaben erklärt werden und während des Schreibens, Turnens, Lesens und Rechnens – immer dann, wenn die Lehrperson es von ihnen verlangt.

 Kindern, die Mühe haben mit der Konzentration, können Sie entgegenkommen. Diese Massnahmen helfen:
- sich in der Freizeit besonders viel im Freien bewegen
- kaum Computerspiele machen und fernsehen
- tägliche Entspannungselemente erleben (siehe unten).

Motivieren statt tadeln

Wenn Ihr Kind Mühe hat, sich zu konzentrieren, sollte es seine Hausaufgaben mit kurzen Pausen (Trinken und Bewegen) und mit einer klaren Zeitbegrenzung (zweimal zehn Minuten sind genug!) erledigen dürfen und danach mit einer angenehmen Beschäftigung belohnt werden. Bewegungspausen zwischen den Hausaufgaben und während des Unterrichts verbessern nachweislich die Konzentrationsleistung (siehe Seite 84).

Entspannung trägt ebenfalls zu einer verbesserten Konzentrationsfähigkeit bei. Sie kann in diesem Alter anhand von Phantasiereisen und -geschichten zum Vorlesen, durch Ausmalen von Mandalas, beim Malen, Kneten oder Musizieren spielerisch geübt werden. Auch die Progressive Muskelentspannung nach Jacobson oder einfache Atemübungen und Massagen helfen unkonzentrierten Kindern in diesem Alter. Wichtig: Solche Massnahmen sind erst nach ungefähr drei Wochen täglicher Durchführung wirksam.

Bleiben Sie dran!

Mein Kind ist Linkshänder

Linkshändige Kinder sind genauso normal wie rechtshändige Kinder, und sie können genauso schön malen, basteln und schreiben wie diese. Linkshändigkeit ist keine schlechte Angewohnheit, sondern Ausdruck der motorischen Dominanz der rechten Gehirnhälfte – also eine angeborene Eigenschaft, die derjenigen der Rechtshändigkeit in nichts nachsteht. Deshalb werden linkshändige Kinder auch nicht mehr umgeschult, wie dies früher der Fall war.

Nicht einmischen

 Falls Ihr Kind bei Schulantritt noch keinen bevorzugten Handgebrauch haben sollte, ist ein Gespräch mit dem Kinderarzt empfehlenswert. Keinesfalls sollten Sie es dabei beeinflussen, die eine oder andere Hand zu gebrauchen.

Inzwischen gibt es sehr viele Gebrauchsgegenstände – wie zum Beispiel Schere und Füllhalter – für Linkshänder. Sorgen Sie dafür, dass diese Ihrem Kind von Anfang an zur Verfügung stehen. Auch die Computermaus sollte auf der linken Seite angeschlossen sein und eine lange Schnur haben.
Hilfestellungen zum Erlernen spezieller Techniken, die sich von den Abläufen beim rechtshändigen Kind unterscheiden, sind für Linkshänder äusserst wichtig, so das Erlernen des Schneidens, Schleifebindens, Spitzens und eine gute Mal- und Stifthaltung. Ideal ist ein Sitzplatz – in der Schule, am Mal- und Bastelltisch und beim Essen –,

der sich links aussen neben einem Rechtshänder befindet oder aber neben einem anderen Linkshänder, damit sich die Nachbarn nicht mit den hantierenden Armen in die Quere kommen. Und: Das Licht am Mal- und Basteltisch sollte möglichst von rechts einfallen.

Mein Kind ist unterfordert

Ist Ihr Kind hie und da unterfordert, reklamiert es gar, die Schule sei langweilig, braust es gelegentlich auf? Haben Sie schon im Stillen gedacht, dass es hochbegabt sein könnte?

■ *Céline geht in die erste Klasse. Lesen und schreiben konnte sie schon im Kindergarten. Inzwischen liest sie mehr Bücher als Mutter und Vater zusammen. Die Mutter macht sich Sorgen, dass es Céline demnächst langweilig werden könnte im Unterricht. Auch der Lehrerin fällt auf, dass Célines Leistungen im Vergleich zu ihren Mitschülern weit über dem Durchschnitt liegen; von Hochbegabung will sie aber nichts wissen. Célines Mutter hat viel über dieses Thema gehört und möchte, dass Céline abgeklärt und speziell gefördert wird, so wie das in der Presse überall beschrieben wird.*
Doch Céline ist ganz zufrieden: Sie verhält sich nicht auffällig und langweilt sich auch nicht in der Schule. Deshalb besteht (noch) kein Handlungsbedarf. Eine Abklärung und die Diagnose «Hochbegabung» würden zur Zeit weder der Lehrerin noch der Mutter etwas nützen.
Die Mutter einigt sich im Gespräch mit der Lehrerin darauf, dass sie beide Célines Entwicklung gut im Auge behalten. So können sie handeln, wenn das Mädchen Anzeichen von Unterforderung zeigt oder sich auffällig verhält. ■

Nur Fachleute können feststellen, ob ein Kind hochbegabt ist. Dazu braucht es eine detaillierte Abklärung, die jedoch nur erfolgen sollte, wenn die Hochbegabung

zu Problemen führt. Denn häufig durchlaufen besonders talentierte Kinder die Schulzeit problemlos.
Während der Intelligenzquotient lange Zeit als Mass aller Dinge galt, bewerten Fachleute heute bei Abklärungen das gesamte Potenzial.

Wie zeigt sich Hochbegabung?
Eine ausserordentliche Begabung kann in mindestens sieben verschiedenen Bereichen zu Tage treten:
- **Musikalisch:** Ein Kind kann beispielsweise schon früh überdurchschnittlich gut Klavier oder Geige spielen. Berühmtestes Beispiel ist Wolfgang Amadeus Mozart, der von seiner Umgebung enorm unterstützt und gefördert wurde.
- **Sprachlich:** Das Erlernen der Muttersprache bereitet keine Mühe, der Wortschatz ist überdurchschnittlich gross, und selbst das Lernen einer Fremdsprache gelingt problemlos. Oder das Kind bringt sich Lesen und Schreiben selbst bei und liest Romane, während andere im gleichen Alter Märchen erzählt bekommen.
- **Logisch-mathematisch:** Denkaufgaben können nicht kompliziert genug sein. Man denke an Genies wie Einstein, die in der Schule aber nicht durch gute Leistungen auffielen.
- **Räumliches Denken:** Frühes Interesse für Konstruktionen, komplizierte Puzzles, Malerei und Gestaltung.
- **Körperlich:** Auffallende körperliche Geschicklichkeit.
- **Sozial:** Hohe Beziehungsfähigkeit und grosses Talent beim Lösen von zwischenmenschlichen Konflikten mittels Kommunikation.
- **Emotional:** Hohe Sensibilität für Gefühle bei sich selbst und anderen und allgemein grosses Einfühlungsvermögen.

Was ist Intelligenz?

Schulische Förderung begabter Kinder
Für lernschwache Kinder gehört ein unentgeltlicher Spezialunterricht zur Tagesordnung – er ist in fast allen

Eine Frage des Geldes?

Schulgesetzen verankert. Dagegen ist es den Kantonen und den Gemeinden überlassen, ob sie für Hochbegabte entsprechende Angebote anbieten wollen oder nicht. So hängt es von der Einschätzung der Behörden, dem Engagement der Eltern und ihren finanziellen Reserven ab, ob ein hochbegabtes Kind in den Genuss einer gezielten schulischen Förderung kommt, die seinen Bedürfnissen entspricht.

Es gibt verschiedene Möglichkeiten, wie ein hochbegabtes Kind gefördert und geschult werden kann:

- Es kann im normalen Unterricht mitmachen, wenn es von der Lehrperson gezielt gefördert wird. Doch selbst engagierte Lehrerinnen und Lehrer stossen an ihre Grenzen, wenn sie einem oder mehreren Kindern ein massgeschneidertes Lernprogramm mit Einzelbetreuung anbieten müssen. Zumal die Schulklassen wegen Sparmassnahmen immer grösser werden – eine schulpolitische Angelegenheit, über die die Gesellschaft an der Urne entscheidet.
- Hochbegabte können eine Klasse überspringen. Dazu sind einschlägige Abklärungen und Gesuche nötig.
- Das Kind kann auf Gesuch hin von einzelnen Stunden dispensiert werden und in dieser Zeit Einzelunterricht bekommen. Denkbar ist auch, dass es mit anderen zusammen an Sonderprogrammen zur Begabtenförderung teilnimmt (sofern die Schule ein solches anbietet). Bei diesem Modell durchlaufen Hochbegabte die Regelklassen und besuchen parallel dazu Spezialkurse.
- Es gibt verschiedene Privatschulen, in denen ausschliesslich Hochbegabte geschult werden. In der Regel werden diese jedoch nicht von der öffentlichen Hand bezahlt.

Vielfältige Möglichkeiten

Tipps für Eltern

Sie als Mutter oder Vater sind (allenfalls mit entsprechender Unterstützung durch eine fachlich kompetente Erziehungsberaterin) in der Lage, Ihrem Kind viel vom nötigen Rückhalt zu geben. Wenn sich die Schule mit den Eltern vernetzt und am gleichen Strang zieht, sind untenstehende Empfehlungen nicht isolierte Massnahmen, sondern ergänzende und konsequente Stützen:

- Nehmen Sie die Interessen und Bedürfnisse Ihres Kindes wahr und unterstützen Sie seinen Wissensdurst und seinen Lerneifer. Ermöglichen Sie ihm den Zugang zu Informationsquellen – über Computer, Lexika, Bibliotheken oder komplizierte Wissensspiele.

    Fördern und unterstützen

- Wenn Ihr Kind eine aussergewöhnliche Begabung in mathematisch-logischem Denken aufweist, schenken Sie ihm Zahlen- und Logikspiele und Computergames. Wenn Sie im Haushalt etwas abmessen oder renovieren müssen, machen Sie das mit dem Kind zusammen. Ermöglichen Sie ihm, möglichst oft beim Kochen dabei zu sein und Ihnen zu helfen (besonders wenn die Zutaten verdoppelt, verkleinert oder geviertelt werden müssen).

- Bei einem aussergewöhnlichen Sprachtalent Ihres Kindes sollten Sie so oft wie möglich mit ihm reden, auch wenn es vielleicht noch nicht alles versteht. Kaufen Sie ihm Sprachspiele und Hörbücher. Lassen Sie als Ergänzung fremdsprachige Radiosender laufen.

- Häufiges Singen und Musizieren schätzen musikalisch begabte Kinder besonders. Respektieren Sie Vorlieben für Musikstile, auch wenn sie nicht unbedingt Ihrem Geschmack entsprechen.

- Wenn Sie Konfliktsituationen ausdiskutieren und analysieren, wenn Sie sich mitfreuen oder mittrauern, Ihre eigenen Gefühle benennen, so kommen Kinder, die im emotionalen und sozialen Bereich Stärken aufweisen, besonders gut auf die Rechnung.

- Verwechseln Sie Unterstützung und Förderung nicht mit Drill. Gönnen Sie Ihrem Kind Ruhepausen – oder verordnen Sie diese! Vergessen Sie nicht, auch auf Ihre eigenen Bedürfnisse zu achten; denn auch Sie brauchen Erholung zwischendurch.

    Auch Pausen sind nötig

Ein hochbegabtes Kind ist kein kleiner Erwachsener. Es ist ein Kind – und darf das auch sein. Behalten Sie dies immer im Hinterkopf.

Soziale Fragen

Die Schule ist auch die grosse Einführung ins Sozialleben. Nicht alle Kinder finden auf Anhieb Anschluss und viele neue Freunde. Einige bleiben Aussenseiter und leiden darunter – oder lassen andere leiden.

Mein Kind findet keinen Anschluss

Bereits im Vorschulalter entwickeln Kinder Freundschaften zu anderen Kindern: auf dem Spielplatz, in der Spielgruppe oder durch Bekannte der Familie. In der Schule trifft Ihr Sprössling auf neue Kameraden und gewinnt vielleicht bald einen neuen Freund oder eine neue Freundin dazu.

Wenn Ihr Kind auch nach dem ersten Vierteljahr noch keinen Anschluss gefunden hat, sollten Sie das ernst nehmen. Geht es stets alleine auf dem Schulweg, spielt es mit niemandem in der Pause? Fragen Sie nach, woran das liegen könnte: Ist Ihr Kind zu schüchtern, um sich in die Gruppe einzugeben? Hat Ihr Kind Angst vor den andern? Wird es bedroht, verspottet oder weggejagt? Oder umgekehrt: Geht Ihr Kind aggressiv auf andere zu und wird deshalb ausgegrenzt?

Gründe ausfindig machen

Ein Gespräch mit der Lehrperson kann Ihnen zusätzliche Hinweise darüber liefern, ob Ihr Kind tatsächlich oft alleine ist und woran es liegen könnte.

So helfen Sie Ihrem Kind, Anschluss zu finden:
- Lassen Sie es so häufig wie möglich Schulkameraden zum Spielen zu sich nach Hause einladen.
- Fördern Sie Kontakte Ihres Kindes mit früheren Kameraden aus dem Quartier, vom Spielplatz oder vom Kindergarten.

- Geben Sie Ihrem Kind einen kleinen Talisman, den es im Hosensack mit sich trägt und der ihm Mut macht, auf andere zuzugehen.
- Lassen Sie nicht zu, dass Ihr Kind Freundschaften «erkauft». Solche Beziehungen halten nicht, und Ihr Kind wird erpressbar.

Das Kind stark machen

Mein Kind wird gemobbt

Mobbing in der Schule hat viele Gesichter und kann in jedem Alter und in jeder Klasse vorkommen. Es ist auf der einen Seite eine tragische Form der Gewalt, und auf der anderen ein modernes Trendthema. Zur Unterscheidung: Es ist kein Mobbing, wenn ein Kind nicht an eine Geburtstagsparty eingeladen wird, beim Fussballspiel nicht mittun darf oder beim «Versteckis» ausgeschlossen bleibt. So ist das Leben! Für Eltern ist das hart, doch Kinder müssen lernen, mit Frustrationen umzugehen. Es handelt sich auch nicht um Mobbing, wenn jemand mal gehänselt und ausgelacht wird. Dies ist allenfalls eine Grenzüberschreitung, aber kein Mobbing.

Von Mobbing spricht man dagegen, wenn jemand immer wieder, täglich, wöchentlich und wiederholt vor allen anderen lächerlich gemacht, blossgestellt, beleidigt, von allen und allem ausgeschlossen, kritisiert, gehindert, beschimpft, geschlagen, diffamiert und nicht ernst genommen wird. Mobbing ist weiter, wenn hinter dem Rücken oder in aller Offenheit immer wieder schlecht über jemanden geredet wird, und wenn dieser Person Schaden zugefügt wird: Dem Opfer werden Dinge gestohlen, Eigentum demoliert, und man lässt es nicht zu Wort kommen. Seine Geheimnisse werden öffentlich gemacht; es wird geschlagen, erpresst, beschimpft, ausgelacht, beleidigt und ausgeschlossen.

Plagen mit System

Mobbing muss im frühen Stadium gestoppt und als klare Grenzüberschreitung geahndet werden – von den Eltern und Lehrern. Sonst droht eine unheilvolle Spirale der Gewalt.

Studien belegen, dass Mädchen eher zu «passivem» Mobbing neigen. Dazu gehört beispielsweise Ignorieren, Verpetzen, Anschwärzen, Lügen Verbreiten etc. Buben neigen dagegen eher zu «aktivem» Mobbing in Form von körperlicher Gewalt und Erpressung von «Schutzgeldern» oder Diebstahl und Beschädigung von Gegenständen.

Was können Eltern tun?

Mobbingopfer suchen oft die Nähe von Erwachsenen, weil sie sich dort sicherer fühlen. Eltern tun deshalb gut daran, hellhörig zu werden, wenn ihre Kinder *immer* allein sind, *immer* von allen anderen ausgeschlossen sind und nicht mehr allein zur Schule gehen wollen.

Seien Sie aufmerksam

Symptome von Mobbingopfern

Dass etwas nicht in Ordnung ist, lässt sich bei folgenden Symptomen feststellen:

- Allgemeine Schulunlust (zeigt sich beispielsweise in Müdigkeit, Passivität, Konsumhaltung)
- Psychosomatische Reaktionen (Allergien, Migräne, Bauchschmerzen, Schlaflosigkeit)
- Aggressives Verhalten
- Reaktionen nach innen (Suizidgedanken, Minderwertigkeitsgefühle, Depressionen).

Achtung: Bei diesen Symptomen kann es sich um Mobbing handeln. Ursache kann aber auch ein anderes Problem sein!

Gemobbte Kinder suchen Hilfe, auch wenn sie nicht darum bitten. Es ist für sie wichtig, dass sie von den Eltern und den Lehrpersonen gestützt und geschützt werden, dass Vorfälle nicht bagatellisiert, aber auch nicht dramatisiert werden. Es gilt die Gefühle des Kindes ernst zu nehmen, ihm genau zuzuhören und nachzufragen. Drängen Sie es aber nicht in die Ecke mit Aussagen wie «Sprich doch, wenn man dir helfen soll!»
Mobbing hat zu viele Fassetten, als dass es mit einem Gespräch mit dem mobbenden Kind oder mit einem An-

ruf bei dessen Eltern oder seinem Lehrer aus der Welt geschafft wird. Es ist nicht von einem Tag auf den anderen entstanden und wird nicht von einem Tag auf den anderen aufhören. Um die Situation mit Erfolg zu bewältigen, muss die soziale Kompetenz des Mobbers und allenfalls des ganzen Klassenverbandes gefördert werden, die Kommunikation trainiert und der Umgang mit Konflikten geübt werden.

Konfliktverhalten trainieren

Gehen Sie schrittweise vor, wenn Ihr Kind betroffen ist:
- Dokumentieren Sie Vorfälle und melden Sie diese der Lehrerschaft.
- Argumentieren Sie, weshalb es sich nicht um Hänseleien, sondern um Mobbing handelt.
- Verlangen Sie, dass das Thema ernst genommen wird und in der Schule als Gruppenphänomen thematisiert wird.
- Bringen Sie das Thema am Elternabend auf den Tisch und diskutieren Sie mit den anderen Eltern und den Lehrern Lösungsmöglichkeiten.
- Verlangen Sie eine fachliche Beratung bei der Schulsozialarbeiterin und beim Schulpsychologischen Dienst.

Mein Kind plagt andere

Falls Sie erfahren, dass Ihr Kind regelmässig andere plagt, muss dieses Verhalten gestoppt werden. Mit Strafen allein werden Sie dies kaum erreichen. Was das Kind braucht, sind Anreize für positiveres Verhalten, welches in der Folge auch belohnt werden kann.

Wichtig ist die Frage, was Ihren Sohn, Ihre Tochter dazu treibt, andere zu quälen: Was für einen Nutzen zieht es daraus? Es kann die Gründe vermutlich selbst nicht benennen. Es wird vielleicht lediglich sagen, der oder die andere «nerve» halt. Mit grosser Wahrscheinlichkeit steckt hinter dem Verhalten des Kindes ein geringes Selbstwertgefühl. Denn Macht über andere auszuüben kann dazu dienen, sich selbst stark und sicher zu fühlen. Vielleicht bekommt Ihr Kind in der Schule oder

Starke Kinder plagen nicht

im Elternhaus zu wenig Anerkennung, wird nicht ernst genommen oder sucht mit seinem negativen Verhalten Zuwendung in irgendwelcher Form. Oft haben mobbende Kinder ausserdem selber Erfahrungen als Mobbingopfer gemacht.

Unangenehm, aber wahr: Wenn ein Kind mobbt, kann das auch eine Folge mangelnder Konsequenz in der Erziehung sein. Die Eltern sind gefordert: Mobbingtäter müssen klar erkennen lernen, dass sie keine Helden sind, wenn sie Mitschüler plagen. Diese Massnahmen können helfen, wenn Ihr Kind mobbt:

Klare Grenzen ziehen

- Suchen Sie in Zusammenarbeit mit der Lehrerin, evtl. mit Fachleuten, nach Auswegen.
- Vermeiden Sie Schuldzuweisungen. Diese erzeugen Druck, und solcher wird in den meisten Fällen postwendend weitergegeben. Versuchen Sie stattdessen mit Ihrem Kind zusammen herauszufinden, wo seine Stärken liegen, übergeben Sie ihm Verantwortung und lassen Sie es sehen, was es damit alles erreichen kann.
- Die Frage «Wie würdest du dich fühlen, wenn …?» fördert das Einfühlungsvermögen.

Ist Ihr Kind bei Plagereien lediglich ein Mitläufer, ist es vielleicht dem Gruppendruck nicht gewachsen. Ermutigen Sie es, eine eigene Meinung zu haben und laut und deutlich zu sagen: «Das ist nicht fair, da mache ich nicht mit!» So signalisiert es, dass es nicht einverstanden ist mit dem, was abläuft. Traut sich das Kind nicht, darf es auch einfach weglaufen und kann Hilfe holen.

Gegen den Gruppendruck

In der Klasse meines Kindes hat es viele Ausländer

In ungefähr einem Drittel aller Klassen sitzen heute mehr als ein Drittel Kinder aus Migrationsfamilien. Sind diese für unsere Volksschulen nun eine Bereicherung oder eine Belastung? Die Meinungen darüber sind in vielen Lagern vorschnell gefasst und enden in Gesprächen genauso wie in der Politik oft in einem emotionalen Schlagabtausch. Kein Wunder, herrscht auch unter Eltern eine grosse Skepsis gegenüber multikulturellen Schulen. Aber sind sie nun gleich Rassisten, wenn sie sich Sorgen machen, weil immer mehr fremdsprachige Kinder in den Schulstuben sitzen? Oder sind Eltern, welche multikulturelle Schulen begrüssen, blauäugige Utopisten? Weder noch.

Einfache Antworten gibt es nicht

■ *Herr O. will nicht als Rassist gelten. Trotzdem möchte er seine Kinder nicht in dem Schulhaus einschulen, in dessen Einzugsgebiet er mit seiner Familie wohnt. In diesem Schulhaus ist der Anteil an ausländischen Kindern sehr hoch. Herr O. fürchtet, dass seine Kinder zu wenig lernen, wenn in einer Klasse mehrere Schülerinnen und Schüler mit unterschiedlichen Muttersprachen sitzen. Diese Sorge teilt er mit vielen Eltern in ähnlicher Situation, denen eine gute Schulung ihrer Kinder wichtig ist.*
Mit seinem Anliegen wird Herr O. aber wenig Chancen haben. Trotzdem kann er beruhigt sein: Eine neuere Nationalfondsstudie der Universität Freiburg tritt der verbreiteten Befürchtung entgegen, dass die Entwicklung von Schweizer Schülern durch fremdsprachige Gspänli gebremst werde. Schweizer Kinder in Schulklassen mit bis zu acht leistungsschwachen Migrationskindern zeigen die gleichen Lernfortschritte wie diejenigen in Klassen ohne Ausländerkinder. Die Entwicklung von normal oder überdurchschnittlich begabten Schweizer Schulkindern wird also durch Ausländerkinder nicht gebremst. ■

Dennoch, die Sorgen von Eltern können berechtigt sein: Wenn in einer Klasse nur noch zwei bis drei deutschsprachige Kinder sitzen, so liegt es auf der Hand, dass der Unterricht kompliziert wird und die Anforderungen an die Lehrkräfte enorm steigen. Dabei handelt es sich jedoch um einige wenige Sonderfälle, bei denen spezielle Lösungen zu suchen sind – Lösungen, die normalerweise nicht auf die Schnelle gefunden werden können.

Benachteiligte Ausländerkinder

Untersuchungen haben gezeigt, dass die Leistungen in besonders uneinheitlichen Schulklassen tatsächlich sinken können. Besonders betroffen von diesem Nachteil sind aber eher die Fremdsprachigen, während die deutschsprachigen Kinder nur unmassgeblich schlechter abschneiden.

Die Freiburger Studie (siehe Seite 109) hat festgestellt, dass Migrationskinder in normal durchmischten Regelklassen besser abschneiden: Sie lernen dort besser und schneller Deutsch und sind besser integriert. Dennoch sitzen in Sonderklassen mehr Migrations- als Schweizerkinder. Die Wahrscheinlichkeit, dass ein fremdsprachiges Kind eine Sonderschule besuchen muss, liegt in einigen Kantonen weit höher als in anderen (im Aargau beispielsweise sehr viel höher als in Genf). Zwar werden sie in diesen speziellen Klassen durch die Lehrpersonen möglicherweise besser betreut, aber wenn Fremdsprachige ghettoartig unter sich sind, bestehen kaum Möglichkeiten, dass sie sich mit anderen Kindern auf deutsch unterhalten und so die Sprache lernen.

Sonderbetreuung hat Nachteile

Das können Sie tun

Multikulturelle Schulklassen sind längst eine Tatsache. Es nützt nichts, über «die vielen Ausländer» zu lamentieren oder multikulturelle Schulen a priori toll und grossartig zu finden: Ausländerpolitik gehört an die Urne. Fakt ist, dass Ihr Kind mit anderssprachigen Kindern zur Schule geht, dass diese Tatsache bereichernd sein und auf der anderen Seite auch Probleme verursachen kann. So oder so müssen alle miteinander leben. Das können Sie tun:

Sich an der Realität orientieren

- Suchen Sie mit Ihren fremdländischen Nachbarn das Gespräch, erklären Sie ihnen, weshalb Sie an Elternabende gehen, weshalb Sie Ihrem Kind bei den Aufgaben helfen und weshalb die Kommunikation mit der Lehrerschaft wichtig ist.

- Denken Sie nicht: «Die verstehen ja nichts!» Reden Sie zur Not mit Händen und Füssen, im Urlaub können Sie das auch! Wenn Sie unüberwindbare sprachliche Verständigungsschwierigkeiten haben, sollten Sie nicht zögern, eine Ausländerberatungsstelle oder einen Übersetzer beizuziehen.
- Schlagen Sie vor, dass Sie stunden- und abwechslungsweise die Kinder Ihrer Nachbarn betreuen. Ausserfamiliäre Betreuung ist nämlich für die Entwicklung aller Kinder bedeutsam und wirkt sich auf die späteren Schulerfolge positiv aus (mehr dazu Seite 36).
- Zögern Sie nicht, auch Konflikte anzusprechen, weder bei den Nachbarn noch bei der Lehrerschaft.

Sind dies realitätsfremde Vorschläge? Sie mögen denken, dass Sie mit fremdsprachigen Eltern ja gar nie in Kontakt kommen: Die meisten Mütter können sozusagen kein Wort Deutsch, da rufen dann jeweils die älteren Schwestern an, um zu sagen, dass der kleine Bruder nach Hause kommen muss. Einen Versuch ist es dennoch wert.

Ihr Beitrag ist gefragt

Anhang

Musterbriefe

Gesuch Ferien

Herr und Frau
Christian Isella-Jäggi und Brigitte Jäggi Isella
Himmelspforten 57
8049 Zürich

Einschreiben
(Die Adresse der zuständigen Schulbehörde erfahren Sie bei Ihrer Gemeinde.)

Zürich, 2. März 2007

Gesuch um Ferienverlängerung – frühere Abreise in die Sommerferien 2007
Schüler Leon Isella, Schulhaus Altweg, Lehrerin: Frau Jagmetti

Sehr geehrte Damen und Herren

Unsere Tochter Michaela weilt zurzeit in einem Austauschjahr in den USA, welches vor den Sommerferien zu Ende geht. Wir möchten sie zusammen mit Leon besuchen und planen eine Reise durch die USA. Diese gemeinsame Reise ist für die ganze Familie sehr wichtig, denn sie bildet den Abschluss von Michaelas USA-Aufenthalt.

Wir hatten die ganze Reise rechtzeitig für die Sommerferien geplant. Leider kann nun Herr Isella aus geschäftlichen Gründen nur bis Mitte der dritten Ferienwoche frei nehmen. Dies würde die ursprünglich vierwöchige Reise enorm verkürzen. Damit sich der Aufenthalt wie geplant durchführen lässt, die ganze Familie teilnehmen kann und sich der weite Flug lohnt, müssten wir vor Schulferienbeginn (16. Juli) am 5. Juli abreisen können.

Frau Jagmetti haben wir bereits auf die frühzeitige Abreise angesprochen, und sie unterstützt unser Vorhaben. Im Fall einer Bewilligung würde sie eine Liste des verpassten Schulstoffes zusammenstellen, und Leon hätte genug Zeit, diesen nach der Reise in den verbleibenden Sommerferien nachzuarbeiten. Den Flug konnten wir bis zum 13. April reservieren.

Wir bitten Sie aus den oben erwähnten Gründen, unserem Gesuch stattzugeben. Sollte dies wider Erwarten nicht geschehen, bitten wir baldmöglichst um eine beschwerdefähige Verfügung.

Mit freundlichen Grüssen

Familie Isella

Gesuch Einteilung

Familie
Jeannine und Jürg Döbeli
Mattengasse 24
4123 Allschwil

Einschreiben
(Die Adresse der zuständigen Schulbehörde erfahren Sie bei Ihrer Gemeinde.)

Allschwil, 12. April 2007

Gesuch um Zuteilung von Regina Döbeli ins Schulhaus Bolzen

Sehr geehrte Damen und Herren

Wir beantragen, dass unsere Tochter Regina Döbeli, geboren am 16. November 2000, ins Schulhaus Bolzen zugeteilt wird.

Der Schulweg ins Schulhaus Bolzen ist für Regina um einiges kürzer und weniger gefährlich als der Weg ins Schulhaus Kern. Um von zu Hause ins Schulhaus Bolzen zu gelangen, muss Regina bloss zwei kleine Quartierstrassen überqueren. Für ins Schulhaus Kern dagegen müsste sie neben einer kleinen Quartierstrasse auch zwei stark befahrene Strassen überqueren; eine davon sogar ohne Lichtsignal. Dies ist unseres Erachtens für ein sechsjähriges Kind zu gefährlich.

Zudem werden von der Wohnlage her wohl die meisten Kinder aus Reginas Kindergarten dem Schulhaus Bolzen zugewiesen. So auch ihre besten Freundinnen Laura Zimmermann und Barbara Noser. Regina ist ein Kind, das sich schwer tut, Kontakte zu knüpfen. Deshalb ist es für uns wichtig, dass sie ins gleiche Schulhaus kommt wie ihre beiden besten Freundinnen.

Aus diesen Gründen ist es unser Wunsch, dass Regina im Schulhaus Bolzen zur Schule gehen kann.

Wir danken für die wohlwollende Prüfung unseres Anliegens
und grüssen Sie freundlich

Jeannine Döbeli   Jürg Döbeli

Beilagen:
– Ortsplan mit eingezeichneten Schulwegen

Rekurs Transportkosten

Familie
Sandra und Anton Keim
Storchenallee 12
8632 Tann

Einschreiben
Adresse der entsprechenden Behörde
(Diese ist dem ablehnenden Entscheid der Gemeinde zu entnehmen.)

Tann, 2. Juli 2007

Rekurs gegen den Entscheid der Gemeinde Tann vom 26. Juni 2007

Sehr geehrte Damen und Herren

Fristgerecht rekurrieren wir gegen den Entscheid der Gemeinde Tann, wonach sie die Kosten für den Bus für unseren Sohn Moritz Keim nicht übernehmen will.

Der Schulweg unseres sechsjährigen Sohnes Moritz ist über dreieinhalb Kilometer lang. Er führt über drei stark befahrene Strassen, wovon zwei nicht einmal ein Lichtsignal haben, und verläuft ohne richtiges Trottoir über einen Kilometer der Hauptstrasse entlang.
Wir erachten diesen Weg klar als unzumutbar für ein sechsjähriges Kind. Würde Moritz für einen Teil des Schulweges den Bus benützen, so könnten die gefährlichen Stellen umgangen werden, und der Weg würde auch nicht mehr so lange dauern. Deshalb beantragten wir am 8. Mai, dass die Gemeinde die Kosten für den Bus übernimmt.

Die Schulbehörde hat unser Gesuch abgelehnt. Sie erläutert, dass wenn Moritz einen Umweg in Kauf nehmen würde, er nicht der Hauptstrasse entlang gehen müsste. Zudem könne die Mutter oder der Vater das Kind bis über die ersten beiden grossen Strassen, welche kein Lichtsignal haben, begleiten.

Der Umweg, den Moritz machen müsste, um nicht der Hauptstrasse entlang gehen zu müssen, würde seinen Schulweg auf über vier Kilometer verlängern. Und da wir noch drei weitere Kinder haben, ist es uns nicht möglich, Moritz mehrmals täglich auf dem Schulweg ein Stück zu begleiten. Deshalb können wir die Vorschläge der Gemeinde nicht billigen.

Das Recht auf Bildung beinhaltet auch den Anspruch, den Schulweg ohne unzumutbare Schwierigkeiten bewältigen zu können. Deshalb halten wir an unserem Gesuch fest und verlangen, dass die Gemeinde die Kosten für den Bus übernimmt.

Freundliche Grüsse　　　　　　　　　Sandra Keim　　　　　Anton Keim

Beilagen: – ablehnender Entscheid vom 26. Juni 2007
　　　　　– Ortsplan mit eingezeichneten Schulwegen

Adressen und Links

Beobachter-Beratungszentrum

Das Wissen und der Rat der Fachleute zum Thema Schule (Fachbereich Sozialfragen) und zu weiteren sieben Rechtsgebieten stehen im Internet und am Telefon zur Verfügung.

Im Internet: rund um die Uhr unter www.beobachter.ch,
Stichwort HelpOnline

Telefon: Montag bis Freitag von 9 bis 13 Uhr
Fachbereich Sozialfragen, Schule und Elternhaus: 043 444 54 08
Direktnummern der andern Fachbereiche unter Tel. 043 444 54 00

Wer den Beobachter abonniert hat, profitiert von der kostenlosen Beratung. Wer kein Abo hat, kann online oder am Telefon eines bestellen und erhält sofort Zugang zu den Dienstleistungen.

www.adhs.ch Informations- und Diskussionsserver zum Thema Aufmerksamkeitsstörungen (ADS, ADHS)

www.bfu.ch
Schweizerische Beratungsstelle für Unfallverhütung bfu
Laupenstrasse 11
3008 Bern
Tel. 031 390 22 22
Die Seite der Schweizerischen Beratungsstelle für Unfallverhütung bietet umfangreiche Informationen, unter → Publikationen → Für Eltern → Schulweg zum Beispiel eine Broschüre zum Thema Schulweg.

www.caritas.ch → Schweiz → Integration
Vielfältige Informationen zum Thema Migration/Integration

www.edk.ch → Die EDK → EDK-Mitglieder
Auf der Website der Schweizerischen Konferenz der kantonalen Erziehungsdirektoren finden Sie die Adressen aller kantonalen Erziehungs- und Bildungsdirektionen. Auf der Startseite zudem Infos über das Projekt HarmoS (Harmonisierung der obligatorischen Schule).

www.educa.ch Der Schweizerische Bildungsserver ist ein Bildungsportal mit zahlreichen weiterführenden Links.

www.educa.ch Schweizerische Bildungsserver ist ein Bildungsportal mit zahlreichen weiterführenden Links.

www.ehk.ch Elternverein für hochbegabte Kinder.
Bietet unter anderem eine KinderUni sowie Wochenendkurse und einwöchige Sommercamps an (die Anlässe sind kostenpflichtig).

www.elpos.ch
Elpos Schweiz
Sekretariat
Postfach 255
3047 Bremgarten
Tel. 031 301 36 26
Verein für Eltern und Bezugspersonen von Kindern sowie Erwachsenen mit POS/AD(H)S. Elpos ist der Dachverband, in dem sich regionale Vereine von Eltern von betroffenen Kindern zusammengeschlossen haben. Auf der Website sind die Beratungsstellen der regionalen Vereine zu finden, dazu viele wertvolle Informationen und weiterführende Links.

www.elternlobby.ch Ziel der Elternlobby Schweiz ist ein freies, vielfältiges Bildungswesen.

www.elternmitwirkung.ch
Fachstelle Elternmitwirkung
Färberstrasse 31
8008 Zürich
Tel. 044 380 03 10
Hier erhalten Sie Informationen, Unterstützung, Tipps und Links zum Thema Elternmitwirkung. Auf der Website finden Sie ein monatliches Projekt, das zeigt, wie Schulen gewisse Themen anpacken.

www.hochbegabt.ch
Stiftung für hochbegabte Kinder
Postfach 7612
8023 Zürich
Anlaufstelle: Tel. 061 411 10 11 (Di und Mi, 14 bis 17 Uhr)
Diese Stiftung hat sich die Förderung von Kindern mit hohem Potenzial zum Ziel gesetzt. Beratungstelefon für Eltern, Lehrkräfte, Behörden. Zahlreiche Links auf der Website, dazu Adressen von Stellen, die Abklärungen durchführen.

www.montessori-ams.ch → Assoziation Montessori Schweiz
Übersicht über die Deutschschweizer Montessori-Einrichtungen, Infos zur Philosophe, Broschüren und Bücher zum Bestellen

www.ncbi.ch
Hauptbüro Schweiz NCBI
Ron Halbright
Alte Landstrasse 89
8800 Thalwil
Tel. 044 721 10 50
Der Verein NCBI Schweiz, ein Ableger des Washingtoner National Coalition Building Institute, betreibt Gewaltprävention unter Kindern und Jugendlichen. Das Kursangebot reicht von «Antisemitismus» bis «Zivilcourage». Hauptangebot ist die Ausbildung von Schülerinnen und Schülern zu Peacemakern, also Friedensstiftern.

www.privatschulverzeichnis.com Hier können Sie eine Broschüre mit allen offiziell bewilligten Privatschulen der Schweiz anfordern oder direkt Porträts der Privatschulen anklicken.

www.schule-elternhaus.ch
Schule und Elternhaus Schweiz S&E
Zentralsekretariat
Postfach 1143
5611 Anglikon
Tel. 056 622 02 59
Grösste Elternorganisation der deutschsprachigen Schweiz, vertritt auf nationaler Ebene die Stimme der Eltern. Zahlreiche Links auf der Website.

www.selbstsicherheit.ch, www.wendo.ch Wendo bietet Selbstverteidigung für Mädchen und Frauen, der Verein Impact für Kinder und Erwachsene beider Geschlechter.

www.sozialinfo.ch → Links → Verzeichnisse / Datenbanken → Schulwesen
Gesetzliche und andere wichtige Bestimmungen und Hinweise über das Schulwesen in der Deutschschweiz, dazu zahlreiche Links

www.steinerschule.ch Adressen und Standorte aller Rudolf-Steiner-Schulen in der Schweiz, vielfältige Informationen zur pädagogischen Grundlage und zum Leitbild dieser Schulen

www.swiss-schools.ch Website des Verbandes der Schweizerischen Privatschulen. Sie können mit einer detaillierten Suchfunktion eine passende Privatschule suchen.

www.tagesfamilien.ch Unter → Kontakt können Sie für Ihr Kind einen Platz in einer Tagesfamilie suchen – oder selber Plätze anbieten.

www.tagesschulen.ch
Verein Tagesschulen
Rötelstrasse 11
Postfach
8042 Zürich
Tel. 044 361 42 88
Website des Vereins Tagesschulen Schweiz, mit aktuellen Informationen aus der Politik

www.zebis.ch Der Zentralschweizer Bildungsserver hält viele Links und Dokumente zu verschiedensten Schulthemen bereit, auch zum Herunterladen.

Literatur

Aeschlimann-Vogel, Elisabeth; Noser, Walter: Vormundschaft.
Von der Beistandschaft bis zur fürsorgerischen Freiheitsentziehung.
2., aktualisierte Auflage, Beobachter-Buchverlag, Zürich 2003
Ein Ratgeber des Beobachter-Beraters Walter Noser, der alle Massnahmen rund ums Vormundschaftsverfahren erläutert. Mit vielen Musterbriefen und Adressen.

Bisig, Nicole; Noser, Walter: Gut begleitet durch die Schulzeit. Wegweiser für Eltern. Beobachter-Buchverlag, Zürich 2004
Ein Ratgeber des bewährten Autoren-Duos, das auch das vorliegende Buch verfasst hat. Es umfasst die ganze Schulzeit, enthält noch mehr Beispiele aus der Praxis, Tipps für Eltern, Musterbriefe und rund 100 Adressen.

Botta Diener, Marianne: Kinderernährung gesund und praktisch. So macht Essen mit Kindern Freude. 2., erweiterte Auflage, Beobachter-Buchverlag, Zürich 2005
Beinahe schon ein Klassiker der Beobachter-Autorin Marianne Botta Diener. Für alle, die praktische Ernährungshinweise und verständlich aufbereitete wissenschaftliche Informationen schätzen.

Botta Diener, Marianne: Essen. Geniessen. Fit sein.
Das erste Wohlfühl-Ernährungsbuch für Frauen in der Schweiz.
Beobachter-Buchverlag, Zürich 2007
Ein Standardwerk mit den aktuellsten wissenschaftlichen Erkenntnissen, speziell auf Frauen ausgerichtet. Mit zahlreichen leicht umsetzbaren Tipps, etwa zu den Themen Brainfood, Essen für die Laune, Ernährung im Familienalltag.

Huber, Doris; Noser, Walter; Rauch, Katja; Zanoni, Urs: Abenteuer Familie. Rechtsfragen, Finanzen, Organisation: So gelingt der Familienstart. Beobachter-Buchverlag, Zürich 2007
Dieser Ratgeber enthält Beiträge von Walter Noser und Sarah Renold. Leserinnen und Leser finden hier alle Informationen, die es für einen glücklichen Start in den Familienalltag braucht.

Renold, Sarah: Motivierte Kinder – zufriedene Eltern. Tipps und Ideen zum Spielen, Lernen und Helfen. Beobachter-Buchverlag, Zürich 2006
Die Beobachter-Autorin hat hier viele wertvolle Hinweise für Eltern zusammengetragen, die ihr Kind sinnvoll beschäftigen möchten – ab Stunde Null. Ausprobieren lohnt sich!

GUT BERATEN

GUT BEGLEITET DURCH DIE SCHULZEIT

Das Beobachter-Autorenteam erläutert die wichtigsten Fragen, die sich während der Kindergarten- und der obligatorischen Schulzeit stellen. Das Buch bietet einen Überblick über das schweizerische Schulsystem. Es zeigt, wie Schulbehörden funktionieren, und informiert über die Rechte von Eltern und Lehrpersonen.

240 Seiten, broschiert

MOTIVIERTE KINDER – ZUFRIEDENE ELTERN

Wie können Eltern ihre Kinder sinnvoll beschäftigen und fördern? Auch dann, wenn die Zeit einmal knapp ist? Mit dem Beobachter-Ratgeber meistern Sie alltägliche Situationen wie das Mithelfen im Haushalt, das Anziehen und Schlafengehen spielend. Das Buch liefert über 100 konkrete Vorschläge für Aktivitäten drinnen und draussen.

120 Seiten, broschiert

KINDERERNÄHRUNG – GESUND UND PRAKTISCH

Wollen Sie Ihr Kind gesund verpflegen, Zeit sparen und Ihre Nerven schonen? Die Autorin und Ernährungsspezialistin Marianne Botta Diener zeigt, wie es geht: Sie bietet fundierte Informationen, nützliche Tipps für den Essalltag mit Kindern und viele Ideen zur Menüplanung.

256 Seiten, broschiert

Updates, Leseproben und mehr:
Einfach gratis downloaden unter www.beobachter.ch

www.beobachter.ch

GUT BERATEN

ZUSAMMEN LEBEN – ZUSAMMEN WOHNEN

Der neue Beobachter-Konkubinatsratgeber berät als einziger der Schweiz unverheiratete Paare. Das Handbuch beantwortet alle rechtlichen, finanziellen und organisatorischen Fragen: gemeinsam haushalten, Geldverdienen, Kinder betreuen oder vorsorgen sind nur einige der Themen. Gleichgeschlechtliche Paare finden zudem das komplette, ausführlich kommentierte neue Partnerschaftsgesetz.

240 Seiten, broschiert

ALLEIN ERZIEHEN – SO SCHAFF ICH'S

Kinder, Finanzen, rechtliche Fragen – dieses Buch ist der erste Schweizer Ratgeber, der Alleinerziehenden weiterhilft. Das Buch zeigt, was Einelternfamilien vorkehren sollten und wo sie Unterstützung erhalten. Mit praktischen Ratschlägen zum richtigen Vorgehen und vielen Adressen.

152 Seiten, broschiert

DER WEG ZUM EIGENHEIM

Sie träumen vom eigenen Heim, haben gerade ein Haus gekauft oder sind bereits stolzer Eigenheimbesitzer? Im Beobachter-Ratgeber erfahren Sie, worauf es bei Kauf, Bau, Renovation, Unterhalt und Wiederverkauf ankommt. Hier finden Sie praktische, rechtliche und finanzielle Infos und Ratschläge.

256 Seiten, broschiert

www.beobachter.ch

Updates, Leseproben und mehr:
Einfach gratis downloaden unter www.beobachter.ch